문해력을 키우는 초등 글쓰기

문해력을 키우는 초등 글쓰기

초판 1쇄 발행 2022년 6월 3일
초판 2쇄 발행 2024년 1월 31일

지은이 김민아

발행인 장상진
발행처 (주)경향비피
등록번호 제2012-000228호
등록일자 2012년 7월 2일

주소 서울시 영등포구 양평동 2가 37-1번지 동아프라임밸리 507-508호
전화 1644-5613 | **팩스** 02) 304-5613

ⓒ 김민아

ISBN 978-89-6952-509-3 73710

· 값은 표지에 있습니다.
· 파본은 구입하신 서점에서 바꿔드립니다.

어린이 제품 안전 특별법에 의한 표시
제품명 도서 **제조자명** 경향BP **제조국** 대한민국 **전화번호** 1644-5613
주소 서울시 영등포구 양평동 2가 37-1번지 동아프라임밸리 507-508호
제조년월일 2022년 6월 3일 **사용연령** 8세 이상
※ KC마크는 이 제품이 공통안전기준에 적합하였음을 의미합니다.

초등 교과 과정에 따른
 글쓰기 연습장

문해력을
키우는
초등 글쓰기

김민아 지음

경향BP

들어가며

"한글을 알면 당연히 읽고 쓸 수 있는 것 아닌가요?"

한글을 알면 당연히 읽고 쓸 수는 있어요. 하지만 읽고 쓰기가 '이해'하는 것을 의미하지는 않아요.

글을 읽고 쓸 수 있는데도 내용을 이해하지 못하는 초등학생이 생각보다 많아요. 많은 사람이 한글을 배우고 나면 독서와 글쓰기는 당연히 이루어질 거라고 생각하지만 사실 그렇지 않아요. 한글을 배운 것이 독서와 글쓰기로 이어지려면 체계적인 교육이 필요해요. 읽고 쓰고 이해하는 능력을 문해력이라고 해요. 문해력을 키우기 위해서는 책을 읽고 나서 생각할 시간을 갖고, 자신의 생각을 말이나 글로 표현할 수 있는 연습을 해야 해요.

하지만 요즘 초등학생들은 학원과 숙제로 인해 시간이 없어서 책을 읽고 생각하고 글을 쓰는 기회를 갖지 못하고 있어요. 그 결과는 생각보다 심각해요. 교과서에 나오는 단어의 뜻을 몰라서 내용을 이해하지 못하기도 해요. '읽었는데 읽지 않은 것'이지요. 글자는 읽었는데 의미를 모르는 상황인 거예요.

교육의 기회가 늘고 질도 높아졌는데도 여러분의 실력이 늘지 않는 까닭은 문해력이 부족하기 때문이에요. 문해력을 키우기 위해 공부 따로, 독서와 글쓰기를 따로 할 필요는 없어요. 이것들을 따로 하기에는 시간도 부족하고 효율도 떨어지니까요. 교과 과정과 연계된 독서와 글쓰기를 하면 이 모든 것을 함께 할 수 있어요.

이 책에서는 문해력을 키우는 데 도움이 되도록 초등학교 교과서를 분석하여 주제와 학습 요소를 뽑고, 이를 바탕으로 텍스트와 문제를 구성했어요. 하루 한 장 독해와 글쓰기로 공부와 문해력 두 마리 토끼를 잡을 수 있어요.

4차 산업혁명 시대에는 수많은 정보 중에서 내가 필요한 정보를 제대로 읽고 해석하고 내 생각을 표현할 줄 아는 능력이 필수예요. 이 책이 여러분의 문해력을 키우는 데 마중물이 되길 바라요.

김민아 선생님

차례

들어가며 4   이 책의 활용법 6   정답 163

1 이야기 나누기 능력

- 주제 1 문단의 짜임 012
- 주제 2 편지 쓰기 022
- 주제 3 표정/몸짓/말투 031
- 주제 4 띄어쓰기 039

2 생각과 느낌 표현하기 능력

- 주제 5 감각적 표현 050
- 주제 6 의견 058
- 주제 7 재미와 감동 068
- 주제 8 인상적인 일 077

3 자료 활용하기 능력

- 주제 9 내용 간추리기 086
- 주제 10 원인과 결과 095
- 주제 11 국어사전 103
- 주제 12 짐작하기 112
- 주제 13 중심 생각 찾기 118

4 함께 살기 능력

- 주제 14 높임 표현 130
- 주제 15 비슷한말/반대말 138
- 주제 16 우리 고장/다른 고장 145
- 주제 17 가족 154

이 책의 활용법

여러분은 다음과 같은 경험을 한 적이 있나요?

☐ 글을 읽었는데 무슨 말인지 몰라 답답했어요.
☐ 선생님이 설명해 주시는 내용에 모르는 단어가 많았어요.
☐ 분명히 아는 건데 뭐라고 말해야 할지 몰라 망설였어요.
☐ 무엇에 대해 쓸지 생각은 했는데 글로 쓰기 어려웠어요.

위와 같은 경험이 있다면 아마 고개를 끄덕이며 공감할 거예요. 우리가 살아가면서 가장 중요한 것이 의사소통인데 그게 잘 안 되면 스스로 답답할 수 있어요. 의사소통은 말과 글을 사용하는 것으로 듣기, 말하기, 읽기, 쓰기 모두를 포함해요. 그중 말로 하는 의사소통인 듣기와 말하기는 쉽게 하지만 글로 하는 의사소통인 읽기와 쓰기는 꽤 어려워요.
이 읽기와 쓰기 능력을 '문해력'이라고 해요. 좁은 의미의 뜻과 넓은 의미의 뜻이 달라요. 한 번 살펴볼까요?

문해력이란?

문자를 읽고 쓸 수 있는 일 또는 그러한 일을 할 수 있는 능력이다. 넓게는 말하기, 듣기, 읽기, 쓰기와 같은 언어의 모든 영역이 가능한 상태를 말한다. 유네스코는 '문해란 다양한 내용에 대한 글과 출판물을 사용하여 정의, 이해, 해석, 창작, 의사소통, 계산 등을 할 수 있는 능력'이라 정의하였다.

-위키백과

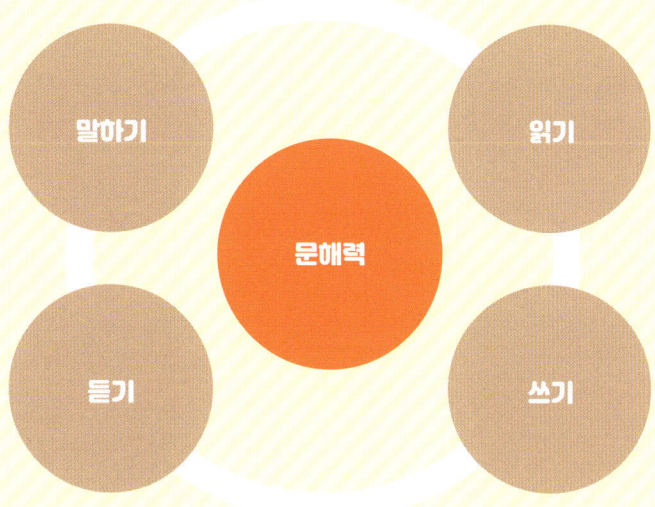

요즘 많은 사람이 문해력이 부족해서 문제라고 이야기하고 있어요. 이것은 스마트폰이나 게임과 관련이 있어요. 요즘 초등학생들은 스마트폰을 어린 나이부터 시작하고 게임도 장시간 하다 보니 제대로 된 글을 읽고 쓸 기회가 부족해졌어요. 스마트폰과 게임 상에서 사용하는 글은 짧을 뿐만 아니라 문법에 맞지 않은 경우가 많아요. 이런 언어생활을 계속한 아이들은 문해력을 갖추기 어렵겠지요.

내가 읽고 싶은 글을 읽을 수 있는 것, 내가 말하고 싶은 것을 글로 자유롭게 쓸 수 있는 것은 우리에게 꼭 필요한 능력이에요. 하지만 그 능력은 저절로 생기지 않아요. 다행히 문해력은 꾸준히 읽고 쓰는 연습을 하면 누구나 가질 수 있어요.

지금부터 문해력을 키우기 위한 여정을 시작해 보세요. 이 책의 구성을 알고 시작하면 더 빠르게 목적지에 갈 수 있어요.

이 책은 공부 따로, 독서 따로, 글쓰기 따로가 아니라 이것들을 모두 한꺼번에 할 수 있게 만들었어요. 초등 국어 교과로 뼈대를 세우고 수학, 사회, 과학, 도덕 등 각 교과에서 다루는 주제를 살로 붙였어요.

그러면 이 책의 뼈대인 초등 국어 교과를 먼저 살펴볼까요?

2015 개정교육과정 국어과에서 기르고자 하는 역량(능력)은 다음과 같이 6가지예요.

이 책은 총 4개의 장으로 이루어져 있어요. 각 장은 위에서 제시한 국어과 역량 6가지를 담고 있어요.

*'비판적/창의적 사고 역량'은 따로 구분하지 않고 전체 활동을 통해 연결 지었습니다.

이제 각 장의 주제를 알아볼까요?

교과서에서 추출한 주제는 총 17가지예요. 여러분이 꼭 알아야 할 주제들로 구성했어요. 각 장에는 4~5개의 주제가 들어 있어요.

이야기 나누기 능력
- 문단의 짜임
- 표정/몸짓/말투
- 편지 쓰기
- 띄어쓰기

생각과 느낌 표현하기 능력
- 감각적 표현
- 재미와 감동
- 의견
- 인상적인 일

자료 활용하기 능력
- 내용 간추리기
- 국어사전
- 중심 생각 찾기
- 원인과 결과
- 짐작하기

함께 살기 능력
- 높임 표현
- 우리 고장/다른 고장
- 비슷한말/반대말
- 가족

꼭 순서대로 연습할 필요는 없어요. 재미있어 보이는 주제나 쉬워 보이는 주제부터 글을 써도 돼요. 하루에 한 장씩 꾸준히 생각하고 표현해 보는 것이 중요해요. 매일의 노력이 쌓여 실력이 될 거예요.

관계를 맺는 데 기본이 되는 것은 다른 사람과의 의사소통이에요. 누군가와 소통할 때 상황에 맞게, 상대에 맞게 적절하게 언어를 사용한다면 좋겠지요? 또한 바른 맞춤법과 체계적인 글은 자신의 생각을 효과적으로 표현하는 데 도움이 됩니다. 언어 표현과 더불어 중요한 것이 반언어적 표현(목소리, 말투 등)과 비언어적 표현(표정, 몸짓 등)이에요. 이에 대한 연습도 이번 장에서 함께 할 거예요.

1 이야기 나누기 능력

중심 문장과 뒷받침 문장 찾기

문단의 짜임

 월   일

문장이 모이면 '문단'이 됩니다. 문단은 중심이 되는 문장과 그것을 설명해 주는 보조 문장으로 이루어져 있어요. 이것을 '중심 문장'과 '뒷받침 문장'이라고 해요. 중심 문장과 뒷받침 문장을 찾으면 내용을 파악하기 쉬워져요.

다음 문단에서 중심 문장에는 빨간색으로 밑줄을, 중심 문장을 뒷받침하는 문장에는 노란색으로 밑줄을 그어 보세요.

1

옷을 만드는 도구는 계속 발달해 왔습니다. 옛날에는 가락바퀴를 이용하다가 베틀로 옷감을 만들기 시작했습니다. 그러다 재봉틀로 빠르게 바느질을 하게 되었고 기계로 편리하게 다양한 옷감을 만들게 되었습니다.

2

돌로 만든 농사 도구보다 철로 만든 농사 도구가 좋은 점이 더 많았습니다. 먼저 철로 만든 농사 도구는 돌보다 단단하고 날카로웠습니다. 그리고 상황에 맞게 다양한 모양의 농사 도구를 만들 수 있었습니다. 또 힘을 덜 들여 농사를 지을 수 있었고, 더 많은 양의 곡식을 거둘 수 있었습니다.

3

온돌은 우리 조상들의 삶에 많은 도움을 주었습니다. 방바닥을 따뜻하게 하여 추운 겨울을 따뜻하게 보낼 수 있었습니다. 또 아궁이의 열을 사용하기 때문에 열에너지를 아낄 수 있었고, 연기가 바로 굴뚝으로 나가 방안의 공기를 깨끗하게 유지할 수 있었습니다.

뒷받침 문장 완성하기

문단의 짜임 월 일

다음 중심 문장에 알맞은 뒷받침 문장을 생각해 보세요.

1 중심 문장: 책을 읽으면 좋은 점이 많다.

▷ 뒷받침 문장 1: 책에는 정보가 많기 때문에 지식을 얻을 수 있다.

▷ 뒷받침 문장 2:

2 중심 문장: 나에게 장점이 몇가지 있다.

▷ 뒷받침 문장 1:

▷ 뒷받침 문장 2:

3 중심 문장: 나는 쉬는 시간이 좋다.

▷ 뒷받침 문장 1:

▷ 뒷받침 문장 2:

중심 문장 완성하기

문단의 짜임

 월 일

다음 빈칸에 알맞은 중심 문장이나 뒷받침 문장을 생각해 보세요.

정답 164쪽

1 뒷받침 문장 1: 불이 난 것을 알리는 화재경보기는 높은 소리를 이용한다.
뒷받침 문장 2: 환자를 병원으로 옮기는 구급차의 경보음도 높은 소리를 이용한다.

▷ 중심 문장: 우리 생활에서는 위급한 상황에서 (　　　　　)를 이용한다.

2 뒷받침 문장 1: 학교에서 친구들과 이야기를 나누고 놀 수 있다.
뒷받침 문장 2: 수업 시간에 새로운 것에 대해 배울 수 있다.

▷ 중심 문장:

3 뒷받침 문장 1: 나무 막대와 플라스틱 막대는 손으로 잡을 수 있고 단단한 점에서 같다.
뒷받침 문장 2: 나무 막대와 플라스틱 막대는 둘 다 모양이나 크기가 변하지 않는다.

▷ 중심 문장:

문단의 짜임

 월   일

다음 글에서 중심 문장과 뒷받침 문장을 구분해 보세요.
*힌트: 중심 문장은 대부분이 문단의 맨 앞에 있어요.

정답 164쪽

옛날의 교통수단

1 옛날의 교통수단에는 여러 가지가 있습니다. 사람이 이동할 때 이용하는 교통수단에는 말, 당나귀, 가마 등이 있습니다. 물건을 옮길 때 땅에서는 소달구지 등을 이용했습니다. 또 물에서는 뗏목, 돛단배를 이용했습니다.

2 옛날의 교통수단은 불편한 점이 많았습니다. 먼저 힘이 많이 들고 시간이 오래 걸립니다. 여러 사람이 함께 이용하기 어렵기도 합니다. 또 많은 물건을 한꺼번에 옮기기 어렵습니다.

문단1 ▷ 중심 문장: 옛날의 교통수단에는 여러 가지가 있습니다.

▷ 뒷받침 문장: -

- 물건을 옮길 때 땅에서는 소달구지 등을 이용했습니다.

-

문단2 ▷ 중심 문장:

▷ 뒷받침 문장: - 힘이 많이 들고 시간이 오래 걸립니다.

-

-

중심 문장과 뒷받침 문장으로 문단 만들기 1

문단의 짜임

월 일

다음은 재민이에게 어제 있었던 일입니다. 물음에 답하세요.

재민이는 동생과 줄넘기를 하러 공원에 갔습니다. 공원의 공터에서 줄넘기를 하는데 저 멀리서 한 아주머니가 개를 데리고 산책을 하는 것이 보였습니다. 그런데 갑자기 그 개가 재민이와 동생에게 달려와 크게 짖었습니다. 동생은 어릴 때 개에게 물렸던 경험이 있어 개를 무서워하는 터라 너무 놀라 울음을 터트렸습니다. 아주머니는 달려와 그제야 개에 목줄을 묶어서 데려갔습니다.

재민이가 동생을 간신히 달래서 집으로 가는데 농구장 쪽에서 아저씨 두세 명이 모여서 담배를 피우고 있었습니다. 담배꽁초도 여기저기 널려 있는 것이 보였습니다. 둘은 냄새가 너무 지독해서 코를 막고 뛰어갔습니다.

재민이와 동생은 공원 매점에서 아이스크림을 사 먹었습니다. 달콤한 아이스크림을 먹고 나니 기분이 좋아지는 것 같았습니다. 다 먹은 뒤 쓰레기를 버리려고 보니 쓰레기통 주변이 너무 지저분했습니다. 분리수거를 하지 않고 버린 쓰레기들이 여기저기 떨어져 있었습니다.

재민이는 생각했습니다.
'공원은 공공장소인데 왜 사람들은 예절을 지키지 않을까?'

1 재민이는 동생과 집에 와서 공원에서 지켜야 할 예절에 대해 종이에 써서 곳곳에 붙여야겠다고 생각했습니다. 재민이의 글을 참고로, 공원에서 지켜야 할 규칙에는 무엇이 있을지 생각해 보세요.

공원 규칙	이유
예 담배는 흡연구역 등 지정 장소에서 핀다.	1. 담배 연기에는 나쁜 성분이 많은데 아무 데서나 피면 지나가는 사람들이 피해를 볼 수 있다. 2. 공원의 나무나 풀에 불이 날 수 있다.
	1. 2.

2 1번에서 생각한 규칙을 토대로 종이에 쓸 내용을 적어 보세요.

여러분, 공원에서는 _____ 해야 합니다.

왜냐하면 _____

_____ 때문입니다.

또 _____

_____ 때문입니다.

중심 문장과 뒷받침 문장으로 문단 만들기 2

문단의 짜임   월   일

선생님이 중심 문장과 뒷받침 문장으로 구성된 문단으로 일기를 써 오라고 과제를 내주셨습니다. 영진이는 무엇에 대해 쓸지 고민하다가 손에 들고 있던 연필을 골랐습니다. 연필을 자세히 보니 여러 가지 물질로 이루어져 있었습니다. 마침 과학 시간에 정리한 내용이 있어 꺼내 보았습니다. 정리한 내용을 참고해서 일기를 써 보세요.

과학 시간에 배운 내용

여러 가지 물질의 성질

- **플라스틱**
  - 가볍다.
  - 딱딱하다.
  - 광택이 있다.
- **유리**
  - 투명하다.
  - 다른 물체와 부딪치면 잘 깨진다.
- **고무**
  - 쉽게 구부러진다.
  - 힘을 주면 늘어났다가 놓으면 다시 돌아간다.
- **나무**
  - 고유한 향과 무늬가 있다.
  - 금속보다 가볍다.
- **금속**
  - 단단하다.
  - 광택이 있다.
- **흑연**
  - 검은색이다.
  - 힘을 주면 부러진다.

3월 ○일 ○요일 날씨: 맑음

제목: 연필을 이루는 물질의 성질

나는 오늘 연필을 관찰해 보았다. 연필은 여러 가지 물질로 이루어져 있는데, 이 물질들은 성질이 다르다.

먼저, 연필을 이루는 물질에는 <u>나무</u>가 있다. ◁ **중심 문장**

나무는 고유의 향이 있어 연필에서 그 냄새가 나기도 한다. ◁ **뒷받침 문장 1**

또 무게가 금속보다 가벼워 쓰기 편하다. ◁ **뒷받침 문장 2**

연필을 이루는 또 다른 물질에는 (　　　　)가 있다. ◁ **중심 문장**

◁ **뒷받침 문장 1**

또

◁ **뒷받침 문장 2**

중심 문장과 뒷받침 문장으로 문단 빈칸 채우기 1

문단의 짜임

 월 일

다음 주제어 중 한 가지를 골라 설명하는 글을 써 보세요.

| 낙타   개구리   잠자리   오징어   수달   꿀벌   지렁이   개미 |

1 위의 주제 중 한 가지를 골라 가운데 원에 쓰고, 이것에 대해 알고 있는 것을 자유롭게 마인드맵으로 써 보세요. 정보가 필요하면 사전이나 인터넷 검색을 해도 됩니다.

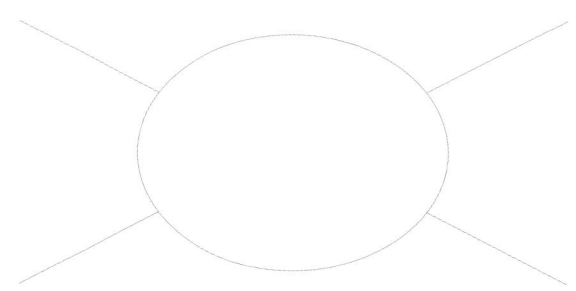

2 위에 그린 마인드맵을 참고해서 고른 주제어에 대한 짧은 글을 써 보세요. (중심 문장과 그에 대한 설명을 하는 뒷받침 문장을 생각하며 쓰세요.)

◁ 중심 문장

◁ 뒷받침 문장 1

◁ 뒷받침 문장 2

중심 문장과 뒷받침 문장으로 문단 빈칸 채우기 2

문단의 짜임

월 일

수영이는 스마트폰을 너무 가지고 싶습니다. 그래서 엄마를 설득하기로 마음먹었습니다. 스마트폰의 좋은 점을 생각하며 수영이의 편지를 완성해 보세요.
*문단은 중심 문장과 뒷받침 문장으로 이루어져야 해요.

엄마께

엄마, 저 수영이에요.
저 스마트폰을 너무 가지고 싶어서 엄마께 사 달라고 부탁드리려 해요. 스마트폰은 좋은 점이 참 많답니다.
첫째, 스마트폰으로 정보 검색을 할 수 있어요.**(중심 문장)** 학교에서 조사하는 숙제가 있을 때 스마트폰이 있으면 바로 정보를 검색하고 공책에 쓸 수 있어 편해요.**(뒷받침 문장 1)** 그리고 책을 읽다가 모르는 단어가 있으면 무거운 사전 없이도 인터넷 사전으로 검색할 수 있어요.**(뒷받침 문장 2)**

둘째, ... ◁중심 문장

.... ◁뒷받침 문장 1

.... ◁뒷받침 문장 1

엄마 그러니까 꼭 사 주세요. 네?

수영 올림

마음을 나타내는 말 1

편지 쓰기

 월 일

우리는 일상생활에서 다른 사람에게 마음을 전하곤 합니다. 각 상황마다 마음을 전하는 적절한 말이 있습니다. 마음을 나타내는 여러 가지 상황과 관련된 자신의 경험을 떠올려 보고 상황에 어울리는 말을 조건에 맞게 써 보세요.

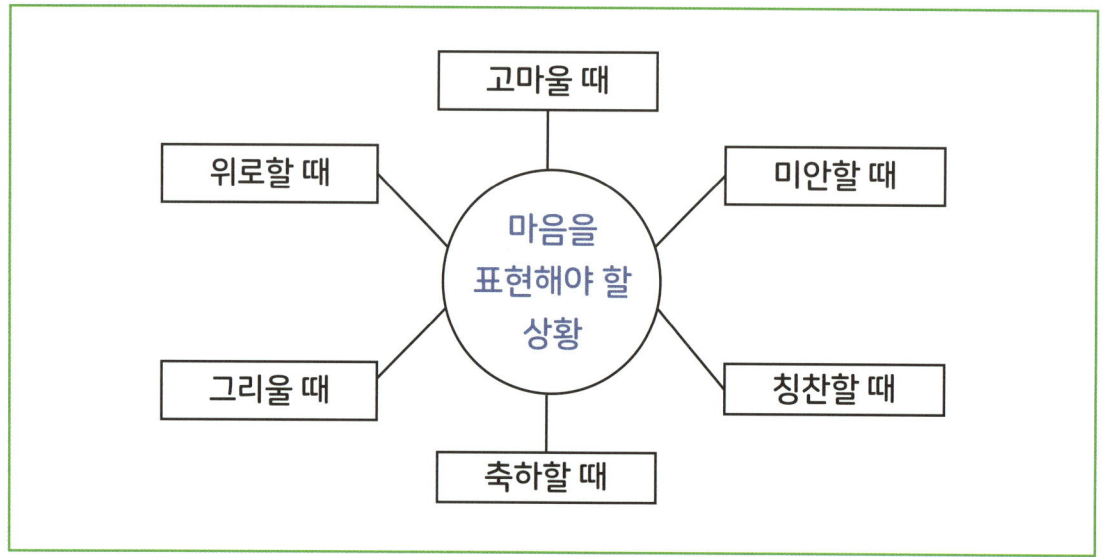

고른 상황	마음을 나타내는 말
	조건: '상황' + '마음을 나타내는 말'의 형태로 쓰기
예 미안할 때	엄마, <u>오늘 아침에 늦게 깨웠다고</u> <u>화내서 죄송해요.</u> 　　　　상황　　　　　　마음을 나타내는 말

마음을 나타내는 말 2

편지 쓰기 월 일

다음 상황에서 상대에게 어떤 말로 마음을 전하면 좋을지 자세히 써 보세요.

1 상황: 친구가 그림 그리기 대회에서 상을 받았어요.
　　대상: 상 받은 친구에게

　▷ ....

2 상황: 동생이 뛰다가 꽃병을 깨서 엄마에게 혼났어요.
　　대상: 동생에게

　▷ ....

3 상황: 아버지가 출장으로 오랜 기간 해외에 계세요.
　　대상: 아버지에게

　▷ ....

4 상황: 미술 시간에 실수로 친구 물통을 건드려서 물통이 쏟아졌어요.
　　대상: 친구에게

　▷ ....

비슷한 의미의 말 찾기

편지 쓰기

 월 일

같은 마음을 여러 가지로 표현할 수 있어요. 계속 같은 말을 반복하는 것보다는 비슷한 의미의 다른 말로 바꾸어 표현하는 것이 좋답니다. 다음의 마음을 표현할 수 있는 비슷한말을 2가지씩 찾아 써 보세요.

예 축하해

▷ 정말 잘 됐다.

▷ 내 일처럼 기쁘다.

1 기분 좋다. ▷
▷

2 슬프다. ▷
▷

3 화가 난다. ▷
▷

4 잘한다. ▷
▷

편지 쓰기

 월 일

「흥부와 놀부」 이야기를 기억하나요? 마음씨 착한 흥부는 자신을 괴롭혔던 욕심쟁이 형 놀부를 용서하고 제비가 물어다 준 박씨로 얻은 금은보화를 놀부와 나눕니다. 그동안 욕심만 부리고 동생을 괴롭혔던 형 놀부는 자신의 잘못을 뉘우치고 흥부에게 편지를 쓰려고 합니다. 흥부를 향한 놀부의 마음이 어떨지 생각해 보고, 마음이 잘 드러나게 편지를 쓸 수 있도록 도와주세요!

1 다음은 놀부가 흥부에게 전하고 싶은 여러 가지 마음입니다. 그중 2가지를 골라 편지에 표현하려 합니다. 편지에 쓰고 싶은 2가지를 골라 동그라미 하세요.

| 미안한 마음 | 고마운 마음 | 칭찬의 마음 | 격려의 마음 |

2 흥부에게 편지를 써 보세요.

흥부에게
흥부야, 형이야.

....
....
....
....

주말에 우리 집에서 저녁 함께 먹자꾸나. 안녕.

○월 ○일
놀부가

편지 쓰기

 월 일

친구 관계에서 마음을 전하는 것은 매우 중요합니다. 다음 영진이의 일기를 읽고 인물들의 마음을 생각하며 물음에 답하세요.

<영진이의 일기>

○월 ○일 ○요일 날씨: 맑음

오늘은 우리 반 학급임원선거가 있는 날이었다. 민찬이와 예영이가 반장 후보가 되었다. 둘 다 좋은 친구라 나는 누구를 뽑아야 할지 고민되었다. 민찬이는 수업 시간에 발표를 잘 하고 똑똑하다. 그리고 예영이는 다리 아픈 친구의 가방을 들어 주고 급식을 대신 받아 주기도 했다. 고민 끝에 한 명을 종이에 썼다.

투표를 하고 결과를 발표하는데, 2표 차이로 아슬아슬하게 민찬이가 반장이 되었다. 우리는 쉬는 시간에 민찬이에게 가서 축하를 해 주었다. 그때 예영이가 실망한 모습이 눈에 들어왔다. 일기를 다 쓰고 예영이에게 편지를 써야겠다.

---

1 일기에 등장하는 인물들은 투표 결과 발표 후에 어떤 마음이었을지 짐작해 보세요.

인물	마음
민찬	
예영	
영진	

2 영진이가 예영이에게 어떤 마음을 전하면 좋을지 생각해 보고, 마음이 잘 드러나게 편지를 써 보세요.

예영이에게
안녕! 나 영진이야.

내일 학교에서 보자. 안녕!

○월 ○일
영진이가

편지 쓰기

 월 일

세민이와 도현이, 재준이는 인터넷 검색을 하다가 코로나 의료진에 대한 다음의 글을 보게 되었습니다. 그래서 의료진들에게 마음을 전하고 싶어 댓글을 각자 적었습니다. 의료진들에게 전하고 싶은 마음과 이유가 드러나도록 댓글을 써 보세요.

<인터넷 글>

저는 오늘 보건소에서 확진자와 접촉했다는 연락을 받고 선별진료소에 코로나 검사를 받으러 갔습니다. 많은 사람이 줄을 서서 검사를 기다리고 있었습니다. 날씨가 많이 추운 날이라 옷을 두껍게 입고 갔는데도 손발이 시렸습니다. 코로나에 걸렸을까 봐 불안한 마음인데 줄까지 서서 기다리니 사실 짜증이 나기도 했습니다.

한 시간 정도 기다려 드디어 검사 차례가 되었습니다. 방호복을 입은 의료진들은 패딩 하나 걸치지 못하고 핫팩만 손에 든 채 쉬지 않고 검사를 계속하고 있었습니다. 갑자기 춥고 힘들다고 짜증 낸 제가 부끄러웠습니다.

의료진의 도움 덕분에 이렇게 코로나와 잘 싸울 수 있었습니다. 우리 모두 의료진들에게 고마운 마음을 가지고 힘을 주는 글을 남겼으면 좋겠습니다.

▷ 세민: ....
....

▷ 도현: ....
....

▷ 재준: ....
....

위인에게 편지 쓰기

편지 쓰기

월 일

"아름다운 이 땅에 금수강산에 단군 할아버지가 터 잡으시고~."
「한국을 빛낸 100명의 위인들」이라는 노래를 들어 본 적이 있나요? 우리나라에는 훌륭한 분이 참 많습니다. 이 노래를 들어 보고 노래 속 인물 중 한 명을 골라 보세요. 그리고 그분이 한 일에 대해 인터넷에서 검색해 보고, 그분에게 편지를 써 보세요.

　　　　　　　　(고른 인물 이름)께

안녕하세요. 저는 　　　　　(사는 곳)의 　　　　　(자기 이름)입니다.

「한국을 빛낸 100명의 위인들」이라는 노래의 가사에서 이름을 보고 검색을 하게 되었어요.

　　　　　　　　　　　　　　　　　　　　(인물이 한 일)
을 하셨더라고요. 정말 대단하신 것 같아요.
궁금한 것이 몇 가지 있는데요.

　　　　　　　　　　　　　　　　　　　(인물에게 궁금한 점)

저도 앞으로 　　　　　　　　　　　　　
　　　　　　　　　　　　　　　다짐했습니다.

제가 잘 하는지 꼭 지켜봐 주세요.
또 편지 쓸게요. 안녕히 계세요.

　　　　　　　　　　　　　　(쓴 날짜)

　　　　　　　　　　　　　(자기 이름) 올림

연예인이나 유튜버에게 편지 쓰기

편지 쓰기

 월 일

여러분은 요즘 어떤 프로그램을 자주 보나요? 재미있게 본 TV 프로그램이나 유튜브 영상이 있나요? 어떤 점이 좋았나요?
그 프로그램에 출연하는 사람에게 편지를 쓰려고 합니다. 내가 영상에서 마음에 드는 점, 앞으로 어떤 영상을 바라는지 쓸 거예요. 어떤 내용을 쓸지 생각해 보고 빈칸을 채워 편지를 완성해 보세요.

1 내가 즐겨 보는 프로그램 ▶ _____

2 프로그램에 출연하는 사람 ▶ _____

3 고른 인물에게 편지 쓰기

_____ (고른 인물 이름)께

안녕하세요. 저는 _____ (자기 이름)입니다.

저는 요즘 _____ 를 아주 재미있게 보고 있어요.

저는 특히 _____
_____ (프로그램의 재미있는 부분)
이 좋았어요.

제 생각엔 앞으로 _____ (프로그램에 원하는 것)을
해 보면 좋을 것 같아요.

재미있는 영상 만들어 주셔서 감사합니다.
앞으로도 관심 있게 볼게요. 안녕히 계세요.

_____ (쓴 날짜)

_____ (자기 이름) 올림

상황에 어울리는 표정, 몸짓, 말투 1

표정/몸짓/말투

 월 일

다음 각 상황에 어울리는 표정, 몸짓, 말투를 선으로 연결하세요.

정답 164쪽

상황		표정/몸짓/말투
사물함을 열다가 하필이면 밑에서 물건을 꺼내던 준기의 머리에 부딪혔다. 나는 아파하는 준기에게 말했다.	○——○	반가운 표정과 신난 목소리로
소현이는 텔레비전을 보다가 한 배우가 너무 멋있어 보였다. 그래서 같이 보던 언니에게 말했다.	○——○	사랑에 빠진 표정을 지으며
도진이는 내일까지 내야 하는 숙제를 하려고 자리에 앉았습니다. 하지만 아무리 생각해도 아이디어가 떠오르지 않았습니다. '아 어떻게 해야 하지?'	○——○	양 손바닥을 비비며 미안한 표정으로
성율이는 가족들과 음식점에 가서 세계 여러 나라 음식을 주문했다. 그런데 한 음식에서 평소 맡아 보지 못했던 이상한 냄새가 났다.	○——○	얼굴을 찡그리며 손으로 코를 막은 채
장난감 코너에 갔더니 내가 기다리고 기다리던 레고 신제품이 나와 있었다. 나는 엄마에게 말했다.	○——○	얼굴이 빨개지고 당황한 표정을 지으며
친구들과 신나게 축구를 하다가 다리가 꼬여 넘어졌다. 그런데 일어나 보니 바지가 길게 찢겨 있었다.	○——○	고민되는 듯 얼굴을 감싸 쥐며

상황에 어울리는 표정, 몸짓, 말투 2

표정/몸짓/말투

 월 일

다음 상황에 알맞은 표정, 몸짓, 말투를 생각해 보세요. 실제 표정을 지어 보고 자세히 써 보세요.

예 미술 시간에 옆 친구 물통을 쳐서 물을 엎질렀을 때	▷ 깜짝 놀라 미안한 표정을 지으며 사과한다. "미안해."
문제1 친구가 상장을 받았을 때 상을 받은 친구에게	▷
문제2 친구와 싸워 속상해하는 동생에게	▷
문제3 다리를 다쳐 걷기가 어려운데 옆에서 가방을 들어 준 친구에게	▷
문제4 병원에 입원하셨던 할머니가 퇴원하실 때 할머니께	▷
문제5 내가 좋아하는 연예인이나 운동선수를 만나 사인을 받을 때	▷

상황에 어울리는 표정, 몸짓, 말투 3

표정/몸짓/말투

○ 월 ○ 일

다음 은호의 이야기를 영상으로 만든다면 파란색 부분을 어떤 표정, 몸짓, 말투로 하면 좋을지 생각해 보고 써 보세요.

태권도 학원을 마치고 집으로 가는데 호떡 파는 트럭이 있었다.
'호떡이네! 배고픈데 사 먹을까?' ◁ 예
은호는 호떡 트럭으로 가까이 다가갔다.
"아저씨 호떡 얼마예요?"
"한 개에 천 원씩이야."
은호는 주머니에 돈이 얼마 있는지 뒤져 보았다.
'아… 800원밖에 없네.' ◁ ①
머뭇거리고 있으니 아저씨가 물어 보셨다.
"왜 그러니? 돈이 부족해?"
"네. 800원밖에 없어서 못 사 먹을 것 같아요." ◁ ②
아저씨는 빙그레 웃으며 말씀하셨다.
"그럼 아저씨가 호떡 800원에 줄게."
"와, 정말요? 감사합니다." ' ◁ ③
호떡을 너무 좋아하는 은호는 기분 좋게 호떡을 먹으며 집으로 왔다.

	알맞은 표정, 몸짓, 말투
예	입맛을 다시며 반가운 표정으로
①	
②	
③	

상황에 어울리는 표정, 몸짓, 말투 4

표정/몸짓/말투

 월 일

다음 상황을 읽어 보고, 상황에 어울리는 표정, 몸짓, 말투를 생각해 보세요.

영진이는 책을 반납하러 도서관에 갔다. 그랬더니 하필이면 지민이가 도서관 앞에 있었다. 지난주에 싸운 뒤 아직도 서로 사이가 좋지 않다.
"너는 여기 왜 왔냐?"
지민이가 (①)며 말했다.
영진이는 지민이의 태도에 화가 나 아무 대답도 하지 않고 그냥 지나갔다.

30분 뒤, 지민이가 보낸 문자가 왔다.
②'너 아직도 화난 거야? 그때 내가 좀 심했던 것 같아. 미안해.'
지민이의 문자에 영진이는 놀랐다. 지민이가 사과할 줄은 몰랐기 때문이다.
'아니야. 나도 미안해. 우리 내일 아침에 학교 같이 가자.'
사실 영진이도 마음이 계속 불편했지만 먼저 사과하는 것이 어려웠다. 영진이는 지민이의 사과가 너무 고마웠다.

1 ①에 지민이의 표정, 몸짓, 말투에 대한 설명을 넣으려 합니다. 상황에 알맞은 표정, 몸짓, 말투를 생각해 보고 써 보세요.

▶ ....

2 ②를 실제 만나서 이야기한다면 어떤 표정, 몸짓, 말투가 어울릴까요? 지민이의 마음이 전달될 수 있는 알맞은 표정, 몸짓, 말투를 자세히 써 보세요.

▶ ....

이모티콘 만들기

표정/몸짓/말투

 월 일

문자로는 표정, 몸짓, 말투를 드러낼 수 없기 때문에 이모티콘(그림문자)을 쓰기도 합니다. 다음 문자 내용에 알맞은 이모티콘을 그려 보세요.

문제1 (더운 날씨에 지쳐서)
"엄마, 저 학원 오늘 하루만 쉬면 안 돼요?"

문제2 (친구랑 싸운 뒤)
"나 OO이랑 아까 말다툼했어. 너무 속상해."

문제3 (축구 시합에서 골을 넣은 친구에게)
아까 정말 잘 뛰더라! 네 골 덕분에 우리가 이길 수 있었어.
골 넣은 거 축하해.

문제4 (가족 외식을 가서)
나 우리 동네 새로 생긴 고깃집에서 고기 먹고 있는데 엄청 맛있어! 강력 추천!!

표정, 몸짓, 말투로 상상하기

표정/몸짓/말투

 월 일

다음 이야기에서 '나'의 표정, 몸짓, 말투를 살펴보고, 어떤 일을 엄마에게 털어놓을 것 같은지 밑줄 친 부분에 들어갈 말을 상상해서 써 보세요.

집에 가니 엄마가 빨래를 개고 계셨다. 나는 기어들어 가는 목소리로 엄마를 불렀다.
"엄마. 저 드릴 말씀이 있어요."
엄마는 굳은 표정의 나에게 궁금한 듯이 말했다.
"응, 그래. 무슨 일이야?"
나는 어떻게 이야기를 꺼내야 할지 몰라 머릿속이 새하얘졌다. 엄마에게 말씀을 드려야 하는데 혹시 혼나면 어쩌나 싶어 두려웠다. 심장이 콩닥콩닥 방망이질하는 소리가 귓가에 들리는 듯했다.
"왜 그래? 무슨 일인데 그래?"
엄마가 걱정스러운 표정으로 다시 물었다.
입을 떼는 짧은 몇 초가 길게만 느껴졌다. 나는 근심 어린 표정으로 조심스럽게 말하기 시작했다.
"사실은요. _____"

▷

부탁이 있어요!

표정/몸짓/말투 월 일

말로 표현하는 것만큼 적절한 표정, 몸짓, 말투로 표현하는 것도 중요합니다. 부모님이나 형제자매에게 부탁하고 싶은 말을 글로 쓰고 어떤 표정, 몸짓, 말투로 전할지 구체적으로 계획을 세워 보세요.

1 부탁하고 싶은 말

누구에게 ▷ ....

내용 ▷ ....
....
....

2 어떤 표정, 몸짓, 말투로 전하면 좋을지 계획을 세워 보세요.

어떤 표정으로? ▷ ....
....

어떤 몸짓으로? ▷ ....
....

어떤 말투로? ▷ ....
....

나의 표정, 몸짓, 말투 돌아보기

표정/몸짓/말투 월 일

다음 표정, 몸짓, 말투로 말했던 경험을 떠올려 보고 상황을 써 보세요.

표정, 몸짓, 말투	어떤 상황에서 이렇게 했나요? 혹은 언제 이런 모습을 보았나요?
예 울먹이는 목소리로	놀이공원에 갔다가 가족들과 떨어져 길을 잃은 적이 있다. 그래서 앞에 있는 가게에서 일하는 아저씨에게 울먹이는 목소리로 길을 잃었다고 말한 적이 있다.
비웃는 표정과 무시하는 말투로	
반가운 표정으로 손뼉을 치며	
감동적이어서 눈물이 날 것 같은 표정으로	
굳은 표정과 화가 난 목소리로	

바르게 띄어쓰기

띄어쓰기

 월 일

다음 문장을 바르게 띄어 쓰세요.

정답 165쪽

1 마트에서과자와음료수를샀다.

2 아빠가방에오셔서나를부르셨다.

3 바다에갈매기와돛단배가보였다.

4 난순대랑떡볶이가먹고싶어.

5 우리가꼭이기자.

바르게 대화하기

띄어쓰기

 월 일

다음은 이슬이와 아빠가 나눈 SNS 채팅의 일부입니다. 물음에 답하세요.

정답 165쪽

이슬: 아빠 오실 때 맛있는 거 사오세요.
아빠: ①마침회사가려고해.
이슬: 회사요? 왜요?
아빠: ②횟집에서회사가려고한다고.
이슬: 회사에 뭐 놓고 오셨어요?
아빠: 내가 운전 중이라 문자를 쓸 때 (   )을(를) 안 해서 그렇구나. 전에 갔던 횟집에 들렀다 간다는 말이야.
이슬: 아, 회사에 다시 가신다는 줄 알았어요. 회 좋아요!
아빠: 그래, 빨리 갈게.

---

1 괄호 안에 들어갈 알맞은 말은 무엇인지 쓰세요.

▷ ....

2 밑줄 그은 아빠의 말을 의미에 맞게 바르게 띄어 써 보세요. 띄어 쓰는 부분은 V로 표시합니다.

예 아빠V오실V때V맛있는V거V사V오세요.

① ▷ ....

② ▷ ....

3 다음날 이슬이는 아빠와의 채팅 중 또 문제가 생겼습니다. 이슬이 말의 의미가 잘 전달되도록 밑줄 그은 말을 알맞게 고쳐 쓰세요.

> 아빠: 어디에서 찾았어?
> 이슬: <u>엄마가방에서나왔어요.</u>
> 아빠: 아니 엄마 말고 열쇠 말이야.

4 요즘 스마트폰에서의 대화나 인터넷상의 글을 보면 띄어쓰기를 제대로 안 하는 경우가 많습니다. 여러분은 띄어쓰기 때문에 의미를 제대로 이해하지 못한 경험이 있나요? 곰곰이 생각해 보고 그때의 경험을 써 보세요. 스마트폰이 있다면 그동안의 글을 열어 봐도 좋아요.

▷ ....
....
....
....
....

'안'과 '앓'의 띄어쓰기

띄어쓰기

 월 일

'안'은 '아니'의 줄임말이고, '앓(다)'는 '아니하(다)'의 줄임말이에요. 2가지의 쓰임이 헷갈릴 때가 많아요. 다음 문제를 풀면서 확실히 구분해서 익혀 보세요.

정답 165쪽

1 다음 중 맞춤법에 맞게 쓴 글에 동그라미 하세요.

자를 대고 그렸는데 똑바로 선이 그어지지 않았다.	자를 대고 그렸는데 똑바로 선이 그어지지 안았다.
나는 절대 포기하지 안을 거야.	나는 절대 포기하지 않을 거야.
아직 그 책을 읽지 않았어.	아직 그 책을 읽지 안았어.
엄마 제가 앓 했어요.	엄마 제가 안 했어요.
지하철 안 타고 버스 탔어.	지하철 앓 타고 버스 탔어.
안 해 봐서 모르는 거야.	앓 해 봐서 모르는 거야.

* '안'과 '앓' 중 중 뭐가 맞는지 헷갈릴 때는 그 자리에 '아니'를 넣어 자연스러우면 '안'을, '아니하'를 넣어 자연스러우면 '앓'을 쓰면 됩니다.
* '안'이 들어간 말은 띄어서 쓰고 '앓'은 붙여 씁니다.

2 '안'과 '앓'이 들어간 문장을 1개씩 만들어 보세요.

안 ▷ ....

....

앓 ▷ ....

....

띄어쓰기 월 일

숫자를 쓸 때 띄어쓰기는 어떻게 해야 할지 생각해 보세요.

정답 165쪽

1 다섯시정도

다	섯											

2 십분동안

3 열두살쯤

4 책한권

5 세숟가락

6 과자두봉지

*수를 나타내는 말과 단위를 나타내는 말 사이는 띄어 써야 합니다.

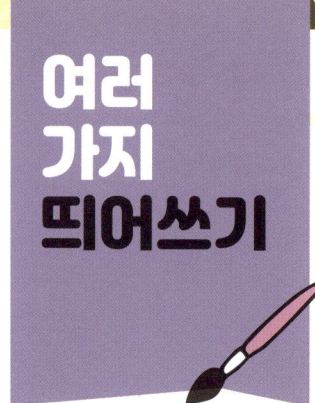

띄어쓰기

다음 문장을 띄어 써야 할 부분에 V로 표시해서 바르게 띄어 써 보세요.

월 일

정답 165쪽

예 설호가은호에게말했다.

▷ 설호가V은호에게V말했다.

1 유빈이와유림이는놀이터에서놀았다.

▷ ....

2 재성이는사탕을꺼냈다.그리고재인이에게줬다.

▷ ....

3 "앗,윤오야.언제왔어?"

▷ ....

4 "어머,다리를다쳤어."

▷ ....

5 양치기소년처럼거짓말을자주했다.

▷ ....

틀리기 쉬운 띄어쓰기

띄어쓰기

 월 일

다음을 원고지에 바르게 띄어 써 보세요.

정답 165쪽

1 그친구가말했어.

2 영화가재미있었어.

3 네게맡길수없어.

4 사과같은얼굴이야.

5 넌잘할거야.

6 말할수록더피곤해.

글 고쳐 쓰기 1

띄어쓰기

 월 일

다음 글을 읽고 물음에 답하세요.

정답 166쪽

> 어제는 비가 오더니 오늘은 햇빛이 환하게 비췄다. 나는 형이랑 오랜만에 자전거를 타고 공원에 나갔다. 벌써 많은 사람들이 산책을 하거나 자전거를 타고 있었다. 형이랑 한 바퀴 돌기 시합을 했다. 처음에는 막상막하였는데 시간이 갈수록 다리에 힘이 풀려서 속도가 나지 않았다. 하필이면 돌에 걸려서 자전거가 중심을 잃어 내가 넘어졌다. <u>형이도와줘서일어날수있었다.</u> 다시 시합을 시작했지만 결국 져서 아쉬웠다. 다음에는 형을 이길 수 있게 틈틈이 연습해야겠다.

1 밑줄 친 문장을 바르게 띄어 써 보세요.

형이도와줘서일어날수있었다.

형	이										

2 자전거나 달리기 시합을 한 적이 있나요? 누구와, 어디에서, 무엇을 했는지 그때의 경험을 써 보세요.

▷ ....

....

글 고쳐 쓰기 2

띄어쓰기

 월 일

다음 글을 읽고 물음에 답하세요.

정답 166쪽

드디어 기다리고 기다리던 크리스마스이브다. 올해는 산타할아버지께서 어떤 선물을 주실지 궁금하고 설렌다. 축구 유니폼을 갖고 싶어서 며칠째 산타할아버지께 소원을 빌고 있다. ①산타할아버지께서내소원을들어주시겠지?
밤에 산타할아버지를 만나 선물을 받으려고 졸린 눈을 비비며 앉아 있었다. 엄마는 산타할아버지가 늦으시는 것 같다며 자라고 하셨다. 이번엔 꼭 만나고 싶어서 참아 봤지만 어느새 잠이 들어 버렸다.
아침에 일어나자 머리맡에 선물이 있었다. 설레는 마음으로 선물을 뜯어보았다.
②"와,내가갖고싶었던선물이야."
나는 너무 기뻐서 소리를 질렀다.
"산타할아버지, 정말 고맙습니다!"

1 밑밑줄 친 ①, ②에서 띄어 써야 할 부분에 V로 표시해서 바르게 띄어 써 보세요.

① 할아버지께서내소원을들어주시겠지?

② "와,내가갖고싶었던선물이야."

2 여러분은 올해 크리스마스에 산타할아버지께 어떤 선물을 받고 싶나요? 산타할아버지께 그 선물을 받고 싶은 이유와 함께 글로 써 보세요.

▷

문학 작품에서 재미와 감동을 느끼고 반응하는 것, 인상 깊은 부분을 찾아보는 것은 심미적 능력을 기르는 데 도움이 돼요. 대상에 대해 오감으로 느낀 정보들을 감각적인 언어로 표현해 보는 것도 언어에 대한 감수성과 표현력을 기르는 데 마중물이 되고요. 나의 삶을 돌아보고 인상적인 일에 대해 글로 표현하는 것과 주제에 대한 의견을 내는 것도 반성적 사고력을 기르고 생각을 뾰족하게 하는 데 중요해요. 이런 능력을 기르기 위한 연습을 이 장에서 할 거예요.

2

생각과 느낌 표현하기 능력

'감각'에 대한 감각

감각적 표현

 월 일

눈, 코, 귀, 혀, 피부를 통해 자극을 받는 것을 '감각'이라고 해요. 눈으로 보기, 귀로 듣기, 입으로 맛보기, 코로 냄새 맡기, 손으로 만지기를 통해 대상에 대해 느낄 수 있어요.
다음 문장을 읽고 어떤 감각과 관련이 있는지 생각해 보세요. 그리고 관련된 감각의 색으로 칠해 보세요.
*2가지 이상의 감각이 관련된 경우 칸에 나누어 색칠하세요.

눈: 빨간색   코: 파란색   귀: 노란색   혀: 초록색   피부: 하늘색

물건의 끝이 뾰족하다.	방에서 구린내가 난다.	신문이 두툼하다.
나는 하늘색을 좋아한다.	종소리가 요란하게 들렸다.	아빠 턱이 수염 때문에 거칠거칠하다.
파도소리를 들으며 잠이 들었다.	색칠한 부분이 반짝거렸다.	이건 내가 좋아하는 향수 냄새다.

오감으로 관찰하기

감각적 표현 월 일

여러 감각을 이용하여 여러분의 '손'을 관찰해 보세요. 자유롭게 이렇게도 해 보고 저렇게도 해 보면 여러 가지 손에 대한 정보를 얻게 될 거예요. 그렇게 얻은 정보를 각 감각기관별로 써 보세요.

눈	귀	입
	예 가만히 있을 땐 아무 소리도 들리지 않지만 박수를 치면 '짝' 소리가 난다.	

코	피부

감각적 표현 알기

감각적 표현  월 일

눈, 코, 귀, 혀, 피부를 통해 대상에 대해 느낀 것을 생생하게 표현하는 것을 '감각적 표현'이라고 합니다.
물건 하나를 떠올려 보세요. 지금 눈앞에 있는 것도 좋고 좋아하는 것을 골라도 됩니다. 이제 알아맞히기 문제를 낼 거예요. 감각적 표현을 써서 3가지 힌트를 만듭니다. 다 했으면 가족에게 문제를 내 보세요.

번호	힌트	정답
예	○ 길쭉한 모양입니다. ○ 한쪽은 뾰족하고 한쪽은 둥글거나 매끈합니다. ○ 사각사각 소리가 납니다.	연필
1	○ ○ ○ ○ ○	
2	○ ○ ○ ○ ○	

감각적 표현으로 짧은 글 짓기

감각적 표현 월 일

'찌개가 끓는다.'보다는 '찌개가 보글보글 끓는다.'가 훨씬 실감나고 재미있죠? 다음 상황을 떠올려 보고 감각적 표현을 사용하여 짧은 글을 지어 보세요. 그리고 글에 사용한 표현과 관련된 감각 기관에 동그라미 하세요.

짧은 글 짓기	관련된 감각 기관
예 하늘에 구름이 있다. ▷ <u>새하얀</u> 하늘의 구름이 <u>폭신폭신해</u> 보인다.	(눈) · 코 · 귀 · 혀 · (손)
날씨가 춥다. ▷ 추운 날씨에 발이 시려서 발을 ( ) 구른다. 　몸이 ( ) 떨린다.	눈 · 코 · 귀 · 혀 · 손
비가 내린다. ▷ 창밖을 보니 비가 ( ) 내린다.	눈 · 코 · 귀 · 혀 · 손
동생이 나에게 온다. ▷	눈 · 코 · 귀 · 혀 · 손
엄마가 나를 안아 줬다. ▷	눈 · 코 · 귀 · 혀 · 손
너무 더워서 물에 뛰어들었다. ▷	눈 · 코 · 귀 · 혀 · 손
미술 시간에 찰흙으로 만들기를 했다. ▷	눈 · 코 · 귀 · 혀 · 손

시에서 감각적 표현 찾기

감각적 표현

 월 일

시에는 감각적 표현이 많이 사용됩니다. 소리를 흉내 내는 말, 모양을 흉내 내는 말, 다른 것에 빗대어 표현하는 말이 없다면 시는 재미없는 글이 될 거예요. 다음 시에서 감각적인 표현을 찾아 동그라미 하세요. 그리고 나만의 감각적 표현을 사용하여 바꿔 써 보세요. 멋진 시인이 되어 보세요.

시에서 감각적 표현 찾아보기

봄바람

바람이 살랑살랑

코끝을 지나가요.

"잘 있었니?"

소곤소곤 들리는

봄바람 소리

포근하게 안아 주는

엄마가 생각나서

빠른 걸음으로

집으로 갑니다.

사알랑 사알랑

봄바람이 쫓아와요.

감각적 표현을 사용하여 시 바꿔 쓰기

봄바람

바람이 ☐

코끝을 지나가요.

"잘 있었니?"

☐ 들리는

봄바람 소리

☐ 안아 주는

엄마가 생각나서

빠른 걸음으로

집으로 갑니다.

☐

봄바람이 쫓아와요.

이야기에서 감각적 표현 찾기

감각적 표현 월 일

이야기에도 시처럼 감각적 표현이 많이 들어 있어요. 다음 이야기처럼 말이에요. 이야기를 읽고 물음에 답하세요.

오늘은 아파트에 장이 서는 날이다. 이곳저곳에서 물건 파는 사람들과 사는 사람들로 시끌시끌했다. 나는 집에 돌아오는 길에 엄마와 장 구경을 했다. 그때 내 눈에 확 들어오는 것이 있었다. 폭신폭신 달콤달콤 솜사탕이었다.

"엄마, 나도 저거 사 줘."

나는 솜사탕을 가리키며 엄마에게 사 달라고 졸랐다.

"저건 너무 달고 몸에 안 좋아. 다른 거 먹자."

엄마는 솜사탕은 안 된다며 손을 내저었지만 결국 포기하고 하나를 사 주셨다.

솜사탕은 여러 가지 모양이 있었는데 그중에 토끼 모양을 골랐다.

아주머니는 하얀 설탕을 한 스푼 기계에 넣고 나오는 솜사탕을 휘휘 저어 동그란 모양을 만드셨다. 그리고 분홍색, 파란색 설탕도 한 스푼씩 넣어 작은 동그라미를 만드신 후 하얀 동그라미 양옆에 끼워 토끼를 완성했다.

손으로 뜯어서 먹어 보니 너무 달콤했다. 폭신폭신 느낌도 너무 좋았다. 손에 끈끈하게 달라붙는 것이 조금 싫었지만 입에서 사르르 녹는 솜사탕의 달콤한 맛에 계속 손이 갔다. 자꾸 히히 웃음이 났다.

---

1 위의 이야기에서 감각적 표현에 밑줄 그어 보세요.

2 시장이나 마트에서 먹어 본 음식 중 맛있었던 것은 무엇인가요? 감각적인 표현을 사용하여 그 음식의 맛을 표현해 보세요.

▷ ....

....

가족을 색깔로 표현하기

감각적 표현

 월 일

우리 가족을 색깔로 표현하면 어떤 색깔일까요? 가족 한 명 한 명의 얼굴, 성격, 말과 행동 등을 떠올려 보고 어울리는 색깔을 생각해 보세요.

*색연필이나 사인펜을 준비하세요.

가족	색깔 색칠하세요	고른 이유
예 아빠	예 (하늘색)	예 아빠는 내가 엄마한테 혼날 때 내 마음을 알아주고 따뜻하게 위로해 줘서 하늘색이 떠오른다.

대상에 대한 느낌을 다양하게 표현하기

감각적 표현

월 일

물건이나 사람 등의 대상을 떠올려 보고, 그에 대한 느낌을 다양하게 표현해 보세요.

1 대상을 한 가지 정한 뒤, 대상에 대한 느낌을 <u>소리나 모양을 흉내 내는 말로</u> 표현해 보세요.

떠올린 대상	소리나 모양을 흉내 내는 말로 표현
예 라면	냄비에서 보글보글 끓는 라면

2 대상을 한 가지 정한 뒤, 대상에 대한 느낌을 <u>다른 것에 빗대어</u> 표현해 보세요.

떠올린 대상	다른 것에 빗대어 표현
예 영수	총알처럼 빠르게 달리는 영수

'의견' 알기

의견

 월 일

'의견'은 '주장'과 같은 뜻일까요 다른 뜻일까요? 국어사전에서 뜻을 찾아보고 비교해 보세요. 그리고 아래 주제에 대한 내 의견을 써 보세요.

1 의견 vs 주장

'의견'의 뜻	'주장'의 뜻
	자기의 의견이나 주의를 굳게 내세움.

2 여러분이 좋아하는 과목은 무엇인가요? <u>그 과목에 대한 의견과 이유 2가지</u>를 글로 써 보세요.

▷ 좋아하는 과목: (　　　　)

▷ 이 과목에 대한 자신의 의견과 이유 2가지를 포함하여 글쓰기

저는 (　　　)을(를) 좋아합니다. 왜냐하면

의견 파악하기 1

의견 월 일

다음 글을 읽고 물음에 답하세요.

소진이는 학교가 끝나고 집에 돌아오자 수학 학원 숙제가 밀린 것이 기억났습니다. 마음이 급해진 소진이는 책상에서 숙제를 하기 시작했습니다. 하지만 어제 게임하다가 늦게 자서인지 너무 졸려서 깜박 잠이 들어 버렸습니다. 소진이가 잠들자 연필이 일어나서 말했습니다.

연필: 내가 없었으면 소진이는 어쩔 뻔했어? 내가 있으니 숙제할 때 답을 쓸 수 있지. 이 중에 내가 제일 중요한 학용품이야.

지우개: 무슨 소리야. 내가 제일이지. 네가 글씨를 잘못 썼을 때 내가 깨끗이 지워 주지 않으면 얼마나 지저분하겠어? 내가 없으면 소진이는 정말 답답할걸?

그러자 둘의 대화를 듣고 있던 키 큰 자가 나와서 한마디 했습니다.

자: 아까 소진이가 도형 그릴 때 나 이용하는 거 못 봤어? 내가 없었으면 도형 그릴 때 삐뚤빼뚤했을 텐데 내 활약으로 반듯한 삼각형이 됐잖아. 중요한 학용품이라면 날 빼놓을 순 없지.

1 위의 글에서 등장인물들의 의견과 그 이유를 표에 정리해 보세요.

의견	이유
내가 가장 중요하다.	**연필:** 숙제를 할 때 답을 쓸 수 있다.
	지우개:
	자:

2 여러분은 어떤 학용품이 가장 중요하다고 생각하나요? 자신의 의견을 이유와 함께 써 보세요.

▶ 나는 ( )이(가) 가장 중요한 학용품이라고 생각한다. 왜냐하면

의견 파악하기 2

의견

 월 일

외국으로 출장 가시는 아버지께서 찬우에게 편지를 주셨습니다. 다음 편지 내용을 읽고 물음에 답하세요.

찬우에게

찬우야, 안녕? 아빠야.

아빠가 회사 일로 다음 주에 두 달 동안이나 베트남으로 출장을 가게 되었어. 방학이라 찬우와 자전거도 같이 타고 놀아 줘야 하는데 그러지 못할 것 같아 미안하구나. 아빠가 없는 방학 동안 찬우에게 부탁하고 싶은 것이 몇 가지 있어 편지를 쓴다.

첫째, 하루에 30분씩 책을 읽었으면 좋겠어. 요즘 아빠와 같이 책을 읽는 모습이 보기 좋더라. 아빠가 없다고 다시 예전처럼 스마트폰 하느라 시간을 보내지는 말자. 매일 꾸준히 책을 읽으면 지식도 배울 수 있고 지혜도 생길 수 있어. 조금씩이라도 책 읽는 습관을 들이면 좋겠다.

둘째, 학교에서 집에 돌아오면 숙제부터 했으면 좋겠어. 귀찮다고 숙제하는 것을 미루고 놀기부터 하면 숙제를 잊을 수도 있고 밤늦게 숙제하느라 힘들 수 있어. 미루는 것이 습관이 되면 모든 일에 그렇게 되니 꼭 미리 숙제부터 하자.

셋째, 일찍 자고 일찍 일어났으면 좋겠어. 밤 10시부터 성장 호르몬이 많이 분비된다고 하잖니? 키도 크고 건강한 생활을 할 수 있으니 방학 동안에도 평상시와 비슷하게 생활하자.

찬우야, 아빠와의 약속 지켜 줄 수 있지? 네가 많이 보고 싶을 거야. 아빠가 매일 연락할게.

안녕.

아빠가

1 아빠의 의견과 그 이유를 정리해 보세요.

의견	이유
하루에 30분씩 책을 읽었으면 좋겠어.	

2 위 편지를 토대로 나의 방학 동안 모습 중 고쳐야 할 점을 생각해 보세요.

▶ 저는 방학 동안 (　　　　　　)을(를) 반성합니다. 앞으로는

의견에 대한 의견

의견

승준이는 집에 가는 골목에서 다음과 같은 종이가 붙어 있는 것을 보았습니다. 종이의 내용을 읽고 의견이 무엇인지 정리해 보세요. 그리고 이에 대한 자신의 의견을 이유와 함께 써 보세요.

 월 일

> 저는 1층에 살고 있는 사람입니다.
> 얼마 전 길고양이가 화단 밑에 새끼를 3마리 낳았는데
> 누군가 길고양이에게 매일 아침에 음식을 놓고 갑니다.
> 이 음식 때문에 베란다로 파리와 해충들이 들어오기도 하고
> 음식물 썩는 냄새가 진동을 하여 창문을 열기가 어렵습니다.
> 고양이들은 음식이 있으니 쫓아내도 다시 돌아옵니다.
> 제발 고양이들에게 음식을 주지 마세요.
> 누군가에게 피해가 될 수 있습니다.

1 글쓴이의 의견과 그렇게 생각한 까닭을 써 보세요.

▷ 의견: 고양이들에게 (   )

▷ 까닭: ①

　　　　②

2 나의 의견과 그렇게 생각한 까닭을 써 보세요.

▷ 의견: 고양이들에게 (   )

▷ 까닭:

쓰레기산에 대한 나의 생각

의견

월 일

다음 대화를 읽고 문제 상황을 해결하기 위해 어떻게 하면 좋을지 생각해 보고, 자신의 의견과 그렇게 생각한 까닭을 정리해 보세요.

성찬: 너희들 '쓰레기산' 알아? 아까 뉴스에서 쓰레기산 이야기가 나오는데 끔찍하더라.

영주: 쓰레기산이 뭐야? 쓰레기로 만들어진 산이야?

성찬: 맞아. 코로나19를 겪으면서 쓰레기가 많아져서 우리나라 곳곳에 쓰레기산이 생겼대.

나현: 하긴 어제 저녁에 족발을 배달시켜 먹었는데 정리하면서 아빠가 쓰레기가 너무 많이 나왔다고 하시더라.

성찬: 응. 뉴스에서 코로나19로 인해 사람들이 식당에 가지 않고 음식을 배달하는 경우가 많아져서 일회용품 쓰레기가 많아졌다고 했어.

영주: 우리 집도 전보다 택배로 물건을 많이 주문하는데 분리수거할 때 보면 쓰레기가 꽤 많이 나와.

나: 난 이렇게 하면 좋겠어.

---

1 문제 상황을 정리해 보세요.

▷ ....

....

2 '나'의 의견과 그렇게 생각한 까닭을 써 보세요.

▷ 의견: ( )

▷ 까닭: ....

....

가족 문제 해결하기

의견

 월 일

우리 집에서 부모님-나, 형제·자매-나 등의 모습을 떠올려 보고 문제점을 생각해 보세요. 그리고 그 문제를 해결하기 위한 의견과 그렇게 생각한 까닭을 글로 써 보세요.

1 우리 가족의 문제점은 무엇인가요?

▷ ....

....

2 우리 가족의 문제를 해결하기 위한 나의 의견과 그렇게 생각한 까닭을 써 보세요.

▷ 의견: ....

▷ 까닭: ....

....

3 가족들에게 전할 편지를 포스트잇에 써 보세요.

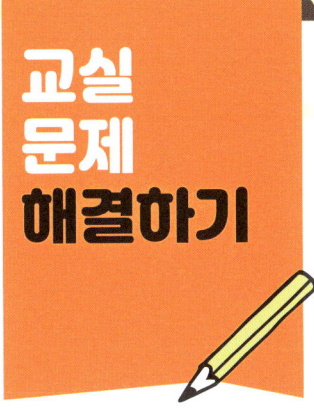

교실 문제 해결하기

의견

 월 일

다음 교실 대화를 읽고 자신의 의견을 이유와 함께 써 보세요.

선생님: 요즘 복도에서 뛰는 학생들이 많아. 어떻게 생각하니?

은아: 맞아요. 저도 아까 뛰는 아이들 때문에 부딪힐 뻔했어요.

진수: 저도요. 화장실 갈 때 불편해요.

선생님: 그래. 복도에서 뛸 때의 여러 가지 문제점을 생각해 보고 자신의 의견과 이유를 종이에 써 보자. 그리고 교실 게시판에 붙이고 투표를 해 보자. 가장 많은 표를 받은 의견으로 함께 실천해 봤으면 좋겠구나.

나의 의견

의견:

예 복도에서 뛰는 학생들은 수업이 끝나고 10분 청소 봉사를 하게 했으면 좋겠습니다.

까닭:

자석로봇 물리치기

의견   월 일

재형이는 학원이 끝나고 집에 돌아와 요즘 재미있게 보고 있는 자석로봇 만화를 보았습니다. 오늘 재형이가 본 만화의 내용을 살펴보고 물음에 답하세요.

만화 내용

평화롭던 도시에 어느 날 강력한 자석로봇이 등장했습니다. 자석로봇은 폭력적이고 거친 성격이었습니다. 이 로봇은 사람들을 공격하기 시작했습니다. 이 로봇이 가까이만 가면 자동차들이 붕 떠올라 로봇에 척하고 붙어 버렸습니다. 건물에 있는 철근도 휘어졌습니다. 심지어 사람들 책상서랍에 있던 바늘, 옷핀까지도 자석로봇에 달라붙었습니다. 자석이 붙을수록 자석로봇의 힘은 더 강력해졌습니다.

1 앞으로 이 도시의 미래는 어떻게 될까요?

▷ ....
....
....
....
....

2 재형이는 과학 시간에 배운 자석의 성질을 이용하여 이 도시의 문제를 해결할 방법을 생각해 보려고 합니다. 다음 자석의 성질을 참고해서 어떻게 하면 좋을지 생각해 보고 해결 방법을 써 보세요.

> 자석의 성질
>
> ① N극과 S극이 있다.
> ② 양 끝의 힘이 세다.
> ③ 철로 만든 물체는 자석에 달라붙지만 유리, 플라스틱, 종이 등 다른 물질로 만들어진 물체는 자석에 달라붙지 않는다.
> ④ 자석은 같은 극끼리는 밀어내고 다른 극끼리는 당긴다.

▷ ....

3 여러분은 미래에 어떤 로봇이 있으면 좋을 것 같나요? 자신이 원하는 로봇에 대해 설명해 보세요.

▷ ....

재미와 감동이 있는 책 떠올리기

재미와 감동 　　월　일

'재미'와 '감동'의 뜻을 알고 있나요? 뜻을 국어사전이나 인터넷에서 찾아보고, 지금까지 읽은 책 중에서 재미있거나 감동받은 책을 떠올려 보세요.

1 재미와 감동의 뜻

▷ 재미: ....
....

▷ 감동: ....
....

2 재미있고 감동적인 책 떠올리기

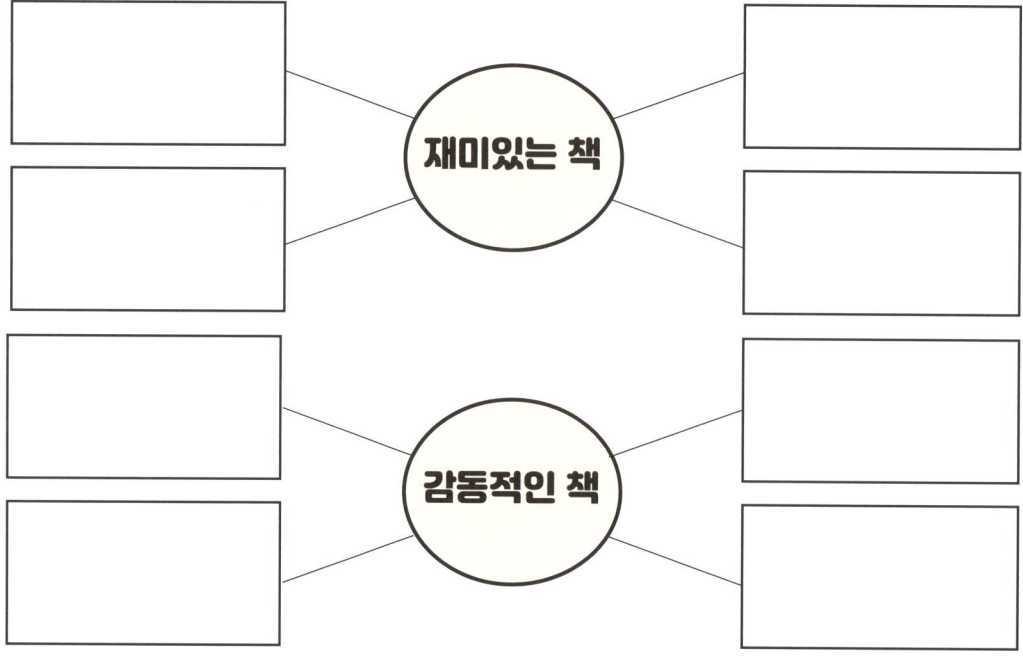

재미와 감동이 있는 책 소개하기

재미와 감동

 월 일

앞에서 떠올린 책들 중 한 가지를 골라 친구에게 소개를 하려고 해요. 책에서 재미나 감동을 느낀 이유가 2가지 이상 들어가게 해서 소개하는 글을 써 보세요.

1 책 제목 ▷
2 지은이 ▷
3 출판사 ▷
4 재미나 감동을 느낀 이유 2가지
　▷
　▷

⬇

책 소개

시에서 재미와 감동 찾기 1

재미와 감동

 월 일

시를 읽을 때 시의 내용이 내가 경험한 것과 관련이 있으면 더 재미와 감동을 느낄 수 있어요. 다음 시를 읽고 물음에 답하세요.

우리 엄마

우리 엄마는 빠른 말의 달인.
다다다다 엄청나게 빠르게
잔소리를 하지요.

엄마의 말솜씨는 최고.
아빠와 나는 꼼짝 못해요.

우리 엄마는 기억의 달인.
내가 잘못한 걸 다 기억해서
잔소리를 하지요.

엄마의 기억력은 최고.
아빠와 나는 꼼짝 못해요.

문제1
이 시에서 재미와 감동을 느낄 수 있는 부분을 찾아 밑줄 치세요.

문제2
그 부분을 고른 이유를 나의 경험과 관련해서 써 보세요.

....
....
....
....
....
....

시에서 재미와 감동 찾기 2

재미와 감동

월 일

지은이의 마음을 생각해 보면서 시를 읽으면 재미와 감동이 느껴지기도 합니다. 지은이의 마음을 생각하며 다음 시를 읽고 물음에 답하세요.

심심한 오후

혼자 티비 보니
심심하다

혼자 과자 먹으니
심심하다

혼자 게임하니
심심하다

혼자 있으면 좋을 줄 알았는데
형이 없으면 좋을 줄 알았는데
아니었다

형, 빨리 와!

문제1
이 시에서 지은이는 어떤 마음이었을까요?

....

....

문제2
여러분에게 비슷한 경험이 있나요? 그때 어떤 마음이었나요? 비슷한 경험이 없다면 가족 중 누군가 없으면 어떤 마음일지 상상해서 써 보세요.

....

....

....

....

....

....

인물의 말과 행동에서 감정 느끼기

재미와 감동

 월 일

다음은 전래동화 「청개구리」의 일부입니다. 엄마 청개구리와 아들 청개구리의 말과 행동을 읽어 보고 어떤 마음일지 오른쪽 감정에 연결해 보세요. 그리고 이 감정들 중 한 가지를 골라 이와 관련된 자신의 경험을 써 보세요.

정답 166쪽

이렇게 하라고 하면 저렇게 하고 저렇게 하라고 하면 이렇게 하는 아들 청개구리를 보니 엄마 청개구리는 한숨이 나왔어요.	후회됨
얼마 후 엄마 청개구리는 죽고 말았어요. 아들 청개구리는 엉엉 울었어요. "그동안 엄마 말씀 안 들어서 죄송해요."	걱정됨
엄마 청개구리가 돌아가시자 아들 청개구리는 혼자 외롭고 무서웠어요. "살아계실 때 엄마 말씀 잘 들을 걸 그랬어."	미안함
다른 청개구리들은 물가에 엄마 청개구리를 묻은 아들 청개구리를 보고 수군거렸어요. "나쁜 아들이네. 어떻게 엄마 청개구리를 물가에 묻을 수가 있지?"	화남

*( ) 안에서 하나 골라 동그라미 하세요.

저는 (후회됨, 걱정됨, 미안함, 화남)에 대한 경험이 있습니다.

▷ ....

....

이야기에서 재미와 감동 찾기 1

재미와 감동   월 일

다음은 「소가 된 게으름뱅이」 이야기입니다. 이야기에서 재미와 감동이 있는 부분을 찾아보세요.

옛날 어느 마을에 게으름뱅이가 살고 있었어요. 게으름뱅이는 부인에게 명주 두 필과 닷 냥을 받아 소를 구해 오겠다고 하고 집을 떠났어요. 길을 가던 게으름뱅이는 소가 여유 있게 잠을 자고 있는 모습을 보고 부러워했어요. 그러다가 소탈을 만드는 한 노인을 만나 그 탈을 써 보게 되었어요. 그런데 탈을 벗으려고 해도 벗겨지지 않았어요.

노인은 소가 된 게으름뱅이를 시장에 데려가 한 농부에게 팔았어요. 이때 무를 절대 먹이면 안 된다고 말했어요. 무를 먹으면 죽는다고요. 농부는 알았다고 하고 소를 데려가 밭에서 힘든 농사일을 시켰어요.

게으름뱅이는 자신이 게으르게 살았던 지난날을 후회하며 눈물을 흘렸지만 소용이 없었어요. 차라리 죽는 게 낫겠다는 생각까지 했어요. 그런데 갑자기 노인이 무를 먹으면 죽는다고 했던 말이 생각났어요. 그래서 모든 것을 포기하고 무밭에서 무를 먹었더니 세상에, 소탈이 벗겨지고 원래대로 모습이 돌아오는 것이 아니겠어요? 게으름뱅이는 집으로 돌아가 부지런한 사람으로 살았답니다.

---

1 재미와 감동이 느껴지는 부분에 밑줄 치세요.

2 1번에서 그 부분에 밑줄 친 이유는 무엇인가요?
▷ ....

3 소가 된 게으름뱅이가 다시 사람이 된 후 여러분을 만난다면 어떤 조언을 해 줄지 상상해 보세요.
▷ ....

이야기에서 재미와 감동 찾기 2

재미와 감동

 월 일

이야기에서 인물의 말과 행동을 보면 인물의 마음을 알 수 있어요. 인물의 마음을 느끼면서 읽으면 재미와 감동이 커지겠죠? 다음 이야기를 읽어 보세요.

축구 시합에서 지고 와서 기분이 안 좋았다. 밥도 먹는 둥 마는 둥 하고 소파에 누워 있었더니 아빠가 다가오셨다.

"우리 연수, 기분이 많이 안 좋구나. 기분도 풀 겸 우리 이번 주말에 동물원 갈까?"

"우와, 좋아요!"

연수는 뛸 듯이 기뻤다. 연수가 좋아하는 파충류 전시가 지난달부터 시작되었기 때문이다.

연수는 주말을 손꼽아 기다렸다. 하지만 토요일 아침이 되자 아빠 회사에 갑자기 일이 생겨 동물원을 가지 못하게 되었다. 속상했지만 다음 주를 기다렸다. 그런데 이번엔 엄마에게 일이 생겨 버렸다.

연수는 얼굴이 붉으락푸르락했다.

"뭐야, 엄마 아빠 너무해!"

"연수야, 엄마가 일부러 그러는 게 아니잖아. 다음에 가면 되지."

엄마는 별거 아니라는 듯이 말했다. 연수가 소리쳤다.

"내가 이날을 얼마나 기다렸는지 알아? 엄마 아빠 미워!"

엄마는 연수의 말에 화가 나서 말했다.

"동물원이 뭐 별거라고 그래? 그렇게 버릇없이 말하면 안 돼지! 엄마 피곤하니까 나중에 이야기하자."

연수는 도리어 화를 내는 엄마의 말에 눈물이 왈칵 쏟아졌다.

1 연수의 마음을 알 수 있는 말과 행동을 찾아보고 그때의 마음이 어땠을지 생각해 보세요.

연수의 말과 행동	연수의 마음

2 이 글에서 재미나 감동을 느낀 부분을 찾아보고 이유와 함께 써 보세요.

▷ ....

3 이후에 연수 가족에게 어떤 일이 일어날까요? 상상해서 써 보세요.

▷ ....

만화나 영화에서 재미와 감동 찾기

재미와 감동

 월 일

여러분이 재미있게 본 만화나 영화는 무엇인가요? 그중에 가장 기억에 남는 한 가지를 떠올려 보고 다음 물음에 답하세요.
*혹시 떠오르는 만화가 없으면 인터넷에서 검색해서 보세요. 15~20분 정도 분량 1개만 보면 됩니다.
예) 아기공룡둘리 등

1 재미있게 본 만화나 영화 제목은 무엇인가요?

▷ ....

2 어떤 인물이 등장하나요? 인물의 성격을 써 보세요.

등장인물	성격

3 가장 마음에 드는 인물은 누구인가요? 이유는 무엇인가요?

▷ (　　　　)이(가) 가장 마음에 듭니다. 왜냐하면 ....

....

4 만화나 영화에서 가장 재미있거나 감동적이었던 부분은 어디였나요? 이유와 함께 써 보세요.

재미있거나 감동적인 부분	
그렇게 생각한 까닭	

겪은 일을 쓴 글 파악하기

인상적인 일 월 일

다음은 용진이가 자신이 겪은 일 중 인상 깊었던 기억에 대해 이야기한 것입니다. 물음에 답하세요.

지난주 수요일에 있었던 일이야. 나는 학교 끝나고 집에 와서 동생과 게임을 하고 있었어. 막상막하로 가다가 마지막 판을 지는 바람에 기분이 별로 좋지 않았어.
그때 퇴근하신 엄마가 방에 들어오셨어.
"너희들은 무슨 게임을 이렇게 오래해? 숙제는 한 거야?"
우리는 게임하느라 시간 가는 줄 몰라서 숙제를 아직 하지 못한 상태였어. 엄마는 우리가 약속을 지키지 않아 화를 내셨어.
"아니 숙제부터 하라고 그렇게 이야기를 했는데 어떻게 된 거야? 용진이 넌 네 할 일도 하고 동생도 챙겨야지. 숙제 안 하고 놀기부터 하면 되겠어? 어휴."
나는 꾸중을 들어서 기분이 안 좋은 데다 엄마가 동생은 안 혼내고 나만 혼내는 것 같아서 속상했어. 울고 싶었지. 엄마는 내 마음을 너무 몰라.

---

1 위 글에서 알 수 있는 내용을 찾아 빈칸에 쓰세요.

▶ **언제:** 지난 주 수요일   ▶ **어디에서:** 집에서   ▶ **누구와:** 동생, 엄마와

▶ **무슨 일이 있었나요?** ......

▶ **그때 마음이 어땠나요?** ......

2 용진이를 위로하는 글을 써 보세요.

▶ ......

속상했던 경험 쓰기

인상적인 일

 월 일

여러분도 이전 문제의 용진이와 비슷한 경험을 해 본 적이 있나요? 부모님에게 속상했던 자신의 경험을 써 보세요.

겪은 일 정리하기

언제 있었던 일인가요?	**예** 지난 겨울, 이번 주 수요일 등 ▷
어디에서 있었던 일인가요?	**예** 집에서, 교회에서 돌아오는 길에 등 ▷
누구와 있었던 일인가요?	**예** 엄마와, 부모님과 등 ▷
무슨 일이 있었나요?	**예** 학원에 가야 하는데 같이 가는 영진이가 배가 아프다고 해서 약국에 같이 들렀다 가느라 조금 늦었다. 내가 학원에 늦은 이유에 대해 설명하려고 했는데 엄마는 내 말을 듣지 않고 꾸중부터 하셨다. ▷
그때 어떤 마음이 들었나요?	**예** 친구를 도와주다 늦은 거라 이해해 주실 줄 알았다. 이야기를 듣지 않으시고 화를 내셔서 속상했다. 화부터 내는 엄마가 원망스러웠다. ▷

겪은 일 자세히 쓰기

인상적인 일   월 일

자신이 겪은 일을 글로 쓸 때는 언제, 누구와, 무슨 일이, 어떤 생각과 느낌인지 등이 자세히 들어가야 합니다. 아래 단어들 중 하나를 고르고 그와 관련해 자신이 겪은 일에 대해 써 보세요.

| 임원선거 | 현장학습 | 청소 | 올림픽 | 할아버지 | 바다 |
| 생일 | 자전거 | 눈 | 강아지 | 더위 | 달리기 |

▷ 고른 주제:

▷ 겪은 일 정리하기

언제	
어디에서	
누구와	

있었던 일	생각과 느낌
예 임원선거에서 유빈이가 나를 후보로 추천함.	당황스럽긴 했지만 나를 추천해 준 유빈이에게 고마운 마음이 들었음.

일기 고쳐 쓰기

인상적인 일

 월 일

일기는 하루 동안 있었던 일 중에서 가장 인상적인 일을 골라서 써야 해요. 그러고 나서 그때 무슨 일이 있었고 어떤 생각과 느낌이 들었는지 자세히 적어야 좋은 글이라고 할 수 있어요. 다음 태영이의 일기를 읽고 물음에 답하세요.

○월 ○일 ○요일 날씨: 맑음

제목: 오늘 하루

아침에 세수를 하고 학교에 갔다. 1교시는 국어, 2교시는 국어, 3교시는 사회, 4교시는 체육을 하고 밥을 먹었다. 그리고 5교시 도덕 수업을 한 뒤 친구들과 영어 학원에 갔다. 집에 와서 저녁을 먹고 텔레비전을 조금 보다가 일기를 쓰고 있다.

1 위의 일기는 좋은 글이라고 할 수 없습니다. 어떤 점이 잘못 됐는지 생각해서 써 보세요.

▷ ....
....
....

2 그동안 여러분이 쓴 일기를 떠올려 보세요. 위의 일기와 비교해 보고 잘한 부분이나 잘못된 부분을 생각해 보세요.

▷ ....
....
....

3 태영이가 일기를 다시 쓰려고 합니다. 여러분이 태영이라고 생각하고 태영이의 일기를 완성해 주세요. 내용은 상상해서 자유롭게 써도 됩니다.

○월 ○일 ○요일 날씨: 맑음

제목: 즐거운 체육시간

오늘은 내가 제일 좋아하는 체육이 있는 날이다. 아침부터 4교시가 오기만을 손꼽아 기다렸다. 운동장 체육을 기대했는데 미세먼지가 많다고 해서 체육관에서 한다고 하셨다.

지난 시간에 이어 오늘도 피구를 했다. 피구를 제일 잘하는 수현이와 같은 팀이 되었다.

일기 쓰기

인상적인 일

 월 일

다음은 재현이가 하루 동안 있었던 일을 쓴 메모입니다. 여러분이 재현이가 되어 다음 메모한 내용 중 한 가지를 골라 일기로 써 보세요. 내용은 여러분이 상상해서 자유롭게 쓰세요.

4월 19일 수요일
· 주말이라 늦잠을 잠.
· 오전에 아빠와 공원에 자전거를 타러 감.
· 점심에 엄마가 바지락칼국수를 해 주심.
· 오후에 도서관에 가서 책을 읽음.
· 저녁에 가족들과 보드게임을 함.
· 밤에 학교 숙제 못한 것이 생각나 숙제를 늦게까지 함.

4월 19일 수요일 날씨: 맑음

제목: ……………………………………………………

* 언제, 어디에서, 누구와, 어떤 일이, 어떤 차례로 일어났는지, 생각이나 느낌이 무엇인지 등이 드러나게 썼는지 확인해 보세요.

친구와 겪은 인상적인 일

인상적인 일   월 일

여러분 반 친구들 중 한 명을 떠올려 보세요. 그 친구와 겪었던 일들을 생각해 보세요.

▷ 떠올린 친구:

▷ 친구와 있었던 일:

언제 있었던 일인가요?	
어디에서 있었던 일인가요?	
무슨 일이 있었나요?	
그때 어떤 마음이 들었나요?	
겪은 일을 간단한 그림으로 그려 보세요.	

정보화 사회에서 가장 필요한 것은 수많은 정보 중에 내가 필요한 정보를 찾아 정리할 수 있는 능력이에요. 정보를 찾다가 모르는 낱말이 나오면 뜻을 찾아볼 수 있어야 하고, 텍스트 내용을 간추리고 중요한 내용이 무엇인지 파악할 줄 알아야 해요. 또 텍스트의 내용에서 원인과 결과를 구분해서 파악할 수 있어야 해요. 이번 장에서는 지식 정보를 활용해서 의사 결정을 하거나 문제를 해결하는 능력의 기초를 다질 거예요.

3

자료 활용하기 능력

중요한 내용 메모하기

내용 간추리기

 월 일

재영이네 반은 과천과학관으로 현장학습을 갔습니다. 선생님과 아이들의 대화를 읽고, 물음에 답하세요.

정답 167쪽

선생님: 이제 곤충생태관 견학을 할 거예요. 여러분에게 관람하고 체험할 시간을 1시간 줄 거니 설명을 잘 들어 주세요. 실내에서 우르르 다니면 다칠 수 있으니 모두 시계 반대 방향으로 도는 것으로 정할게요. 그 방향으로 차례대로 다니면서 전시물을 보게 될 거예요. 파브르정원, 꿀벌전시실, 곤충탐구실, 곤충체험실 이렇게 4개를 보게 될 텐데, 각각의 전시물에서 곤충을 자세히 관찰하면 됩니다. 미션이 있어요. 미션은 곤충들 중 마음에 드는 한 가지를 골라 사진을 찍고 관찰 결과를 활동지에 기록하면 됩니다. 모두 이해했나요?

학생들: 네.

선생님: 관람 규칙도 잘 지켜야 해요. 장난치거나 뛰어다니지 마세요.
그리고 큰 소리로 이야기하지 않습니다.
지금부터 관람을 시작합시다. 12시에 출구에서 만나요.

(곤충생태관에 들어가서)

재영: 야, 뭐부터 보라고 하셨지?

은지: 글쎄. 그냥 보고 싶은 것부터 보면 되는 거 아냐?
그리고 미션이 있었는데…, 들었는데 기억이 안 나네.

재영: 아, 중요한 건 메모를 할 걸 그랬다.

연희: 나 메모했어. 같이 보자.

1 다음은 연희가 메모한 내용입니다. 옆 페이지의 글을 참고해서 빈칸에 알맞은 내용을 쓰세요.

곤충생태관

- 관람 시간: 1시간 동안. (　　　)시에 (　　　　　　)에서 모이기

- 관람 방향: (　　　　　　) 방향

- 전시실: 파브르정원, 꿀벌전시실, (　　　　　), (　　　　　　)

- 미션: ....
  ....

- 규칙: ....
  큰 소리로 이야기하지 않기

---

2 여러분은 중요한 내용을 메모하며 듣나요? 메모하지 않아 안 좋았던 경험이나 메모하며 들어서 좋았던 경험을 떠올려서 써 보세요.

(1) 저는 중요한 내용을 (메모하며 듣습니다. 메모하지 않고 듣습니다.)

(2) 관련된 경험 자세히 쓰기

▷ ....
....
....

약속 내용 요약하기

내용 간추리기

 월 일

채린이는 모둠 친구들과 사회 '우리 고장의 문화유산' 조사 과제를 하기 위해 다음과 같이 대화를 했습니다. 다음 대화를 읽고 빈칸에 들어갈 말을 써 보세요.

정답 167쪽

연서: 우리는 경복궁에 대해 조사하기로 했으니 내일 거기에 가 보자. 내일 언제 만날까?

채린: 나는 내일 오후에는 시간이 안 돼. 9시쯤 어때?

진아: 난 9시에 아빠랑 운동 가서 어려운데. 그럼 11시에 만날까?

연서: 그래. 좋아.

채린: 나도 그때 괜찮아.

연서: 그럼 11시에 학교 정문 앞에서 만나자.

진아: 우리 각자 조사를 좀 해 와야 할 것 같아. 경복궁에 대해서 조사해 오자.

연서: 그래. 조사한 것 출력해서 가져갈게. 채린아, 혹시 네가 가지고 있다는 경복궁 안내책자 가져올 수 있어?

채린: 그래. 알았어. 챙겨 올게.

<채린이네 집>

채린: 엄마, 저 내일 친구들하고 경복궁에 조사하러 가기로 했어요.

엄마: 아, 몇 시에 만나기로 했어?

채린: 음…, 10시였나? 11시였나? 기억이 잘 안 나요. 제가 메모해 놨으니 확인해 볼게요.

경복궁 조사 과제 약속

1 만나는 시간: (   )   2 만나는 장소: (   )

3 준비할 것:

글의 내용 간추리는 방법 1

내용 간추리기

 월 일

다음 글을 읽고 글의 내용을 간추리려 합니다. 어떤 방법으로 간추리면 좋을지 <보기>에서 고른 뒤 고른 도식으로 빈칸에 내용을 정리해 보세요.

정답 167쪽

개미는 일개미, 여왕개미, 수컷개미로 나눌 수 있습니다. 각각 어떤 일을 하는지 알아볼까요?

'일개미'는 개미들의 먹이를 찾습니다. 또 개미들의 집을 짓거나 수리하는 일을 하기도 합니다. 알, 유충, 번데기 등을 돌보는 것도 일개미가 합니다.

'여왕개미'는 일개미보다 크기가 크며 개미 알을 낳습니다. 개미 집단에서 어머니와 같은 역할을 한다고 할 수 있습니다.

'수컷개미'는 혼인비행을 하며 여왕개미와 짝짓기를 합니다. 짝짓기가 끝나면 수컷개미들은 모두 죽는다고 합니다.

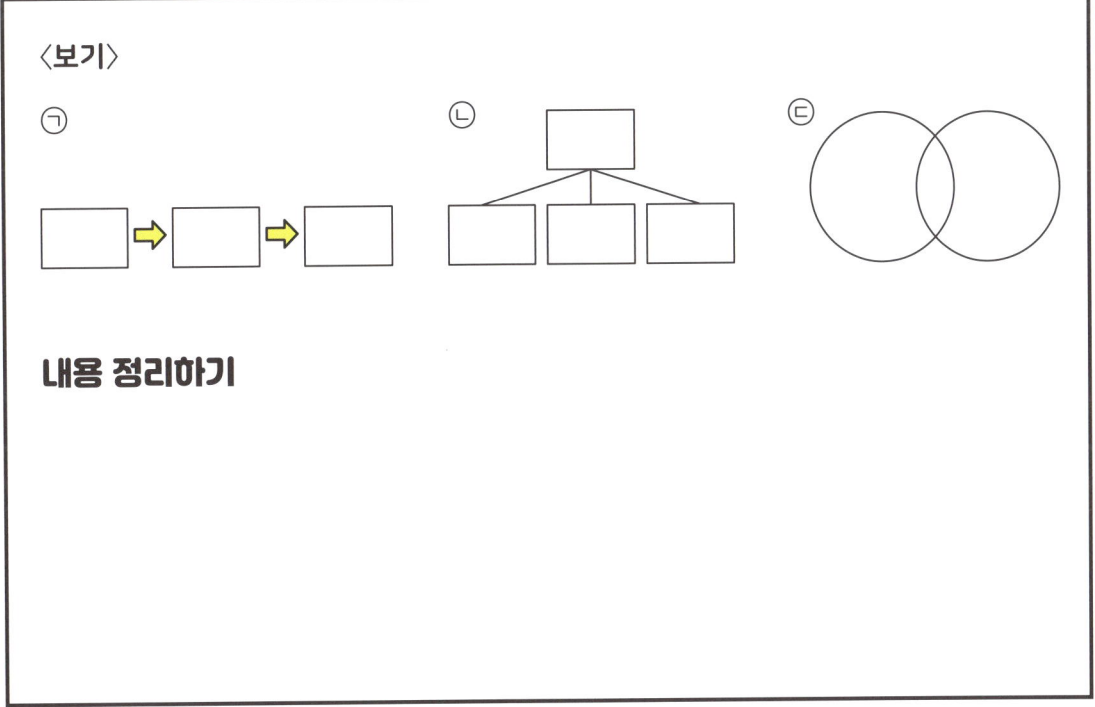

내용 정리하기

글의 내용 간추리는 방법 2

내용 간추리기

 월 일

다음 글을 읽고 글의 내용을 간추리려 합니다. 어떤 방법으로 간추리면 좋을지 <보기>에서 고른 뒤 고른 도식으로 빈칸에 내용을 정리해 보세요.

정답 167쪽

우리나라의 대표적인 명절에는 추석이 있습니다. 추석의 세시풍속은 옛날과 오늘날의 모습이 비슷하면서도 다릅니다. 어떤 점이 같고 어떤 점이 다른지 살펴보겠습니다.

먼저 추석에 가족, 친척들이 모여 송편을 먹는 것이 같습니다. 그리고 옛날과 오늘날 모두 한 해 수확에 대한 감사의 의미로 조상에게 차례를 지내고 성묘를 합니다.

그럼 다른 점은 무엇일까요? 옛날에는 줄다리기와 강강술래를 했지만 오늘날에는 윷놀이 등 간단한 전통 놀이를 합니다. 또 옛날에는 마을 사람들이 모여 추석놀이를 즐겼지만 오늘날에는 가족 단위로 시간을 보냅니다.

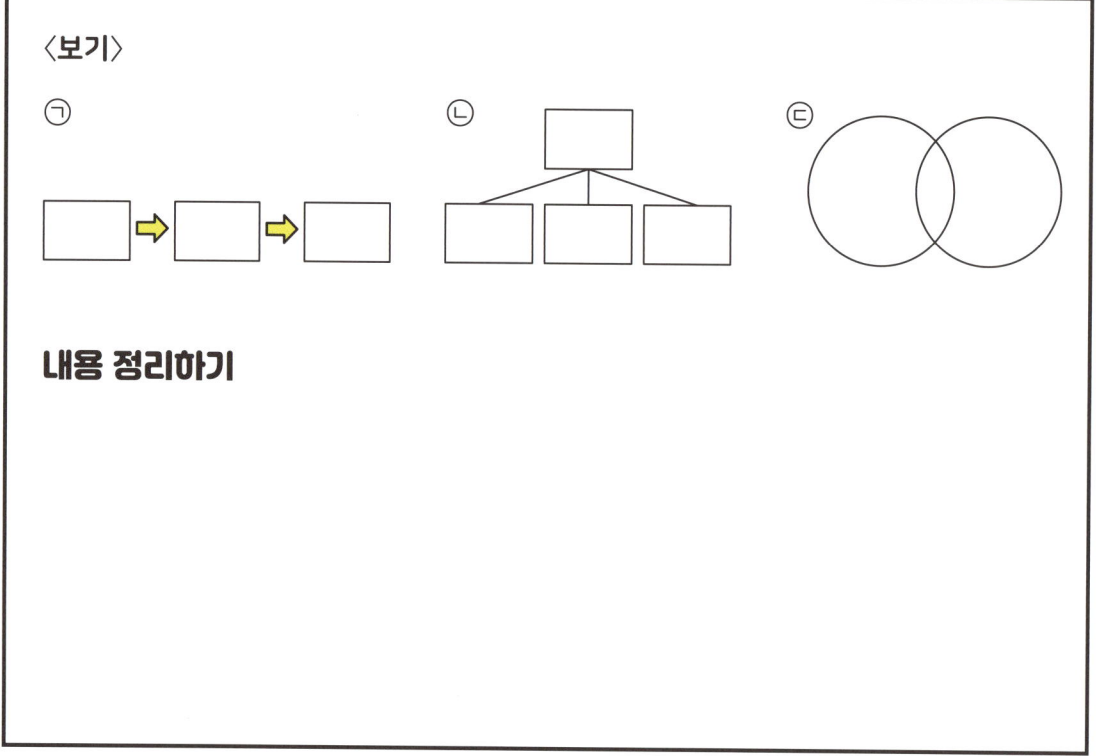

내용 간추리기

다음 글을 읽고 글의 내용을 간추리려 합니다. 어떤 방법으로 간추리면 좋을지 <보기>에서 고른 뒤 고른 도식으로 빈칸에 내용을 정리해 보세요.

정답 167쪽

배추흰나비는 4단계를 거치며 자라게 됩니다. 제일 처음은 '알'입니다. 알에서 '애벌레'가 나오게 됩니다. 애벌레는 초록색 길쭉한 모양으로, 허물을 벗으면서 자라납니다. 그러다가 애벌레는 먹는 것을 멈추고 '번데기'가 될 준비를 합니다. 번데기는 주변과 비슷한 초록색이나 갈색이며 가운데가 불룩한 모양입니다. 번데기 단계에서는 더 이상 자라지도 않고 움직이지도 않습니다.

시간이 흐르면 번데기에서 '어른벌레'가 나옵니다. 어른벌레는 머리, 가슴, 배로 구분되고 날개 두 쌍과 다리 세 쌍이 있습니다. 날개가 생겼기 때문에 날아다닐 수 있습니다.

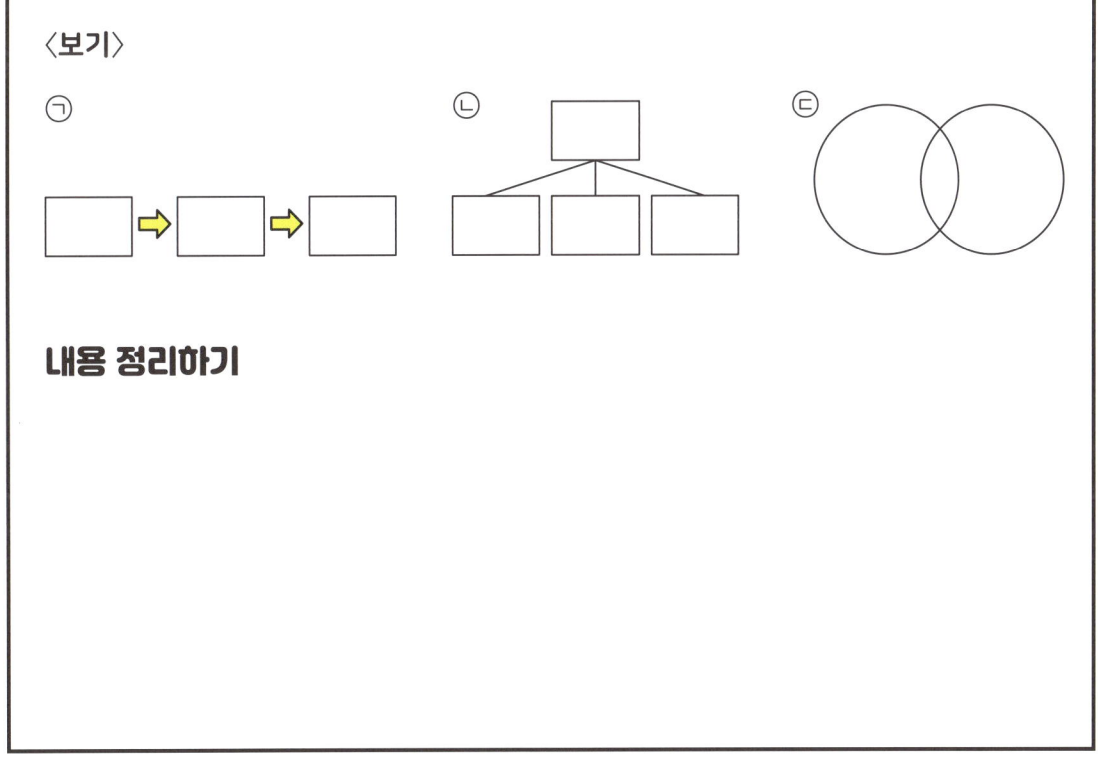

문단 내용 간추리기

내용 간추리기

월 일

다음 글을 읽고 글의 내용을 간추리려 합니다. 각 부분에서 중요한 문장을 찾아 정리해 보세요.

정답 167쪽

물질의 상태는 고체, 액체, 기체 3가지입니다. 물질은 상태에 따라 각각 성질이 다릅니다. 어떻게 다른지 알아볼까요?

먼저 '고체'는 담는 그릇이 바뀌어도 모양과 부피가 그대로입니다. 네모난 그릇에 담아도 평평한 그릇에 담아도 모양과 부피는 변하지 않습니다.

이와 다르게 '액체'는 담는 그릇에 따라 모양이 변합니다. 하지만 부피는 그대로입니다. 길쭉한 그릇에 담을 때와 넓적한 그릇에 담을 때 부피는 같지만 액체의 모양은 변합니다.

'기체'는 공간을 차지하고 있으며 무게가 있습니다. 주사기 피스톤을 밀어 보거나 풍선을 불었다가 놓아 보면 기체의 성질을 확인할 수 있습니다.

▷ 물질은 상태에 따라 각각 성질이 다릅니다.

▷

▷

▷

시간과 장소에 따라 간추리기

내용 간추리기

 월 일

다음은 민주가 경주 여행을 다녀온 뒤 쓴 글입니다. 여행은 시간과 장소의 변화를 중심으로 내용을 간추리면 좋습니다. 다음 내용을 시간과 장소에 따라 간추려 보세요.

정답 168쪽

이번 주말에 우리 가족은 경주로 가족 여행을 갔다. 경주는 신라 시대의 문화유산이 많다고 하는데 한 번도 가 보지 못해서 어떤 곳인지 무척 궁금했다. 우리는 아침 일찍 서울역으로 가서 KTX 열차를 탔다. 2시간 정도 지나자 신경주역에 도착했다.

처음 간 곳은 '첨성대'였다. 첨성대는 신라 시대에 태양, 달, 행성의 변화를 관측하던 곳이다. 돌을 쌓아 올렸는데 우리나라 국보 제 31호이고 높이가 약 9.5m 정도 된다고 한다. 이곳에서 신라 사람들이 밤에 하늘을 보며 태양, 달, 행성의 변화를 관측했다고 생각하니 신기했다.

그 다음에 간 곳은 '석빙고'였다. 석빙고는 신라 시대의 얼음 창고다. 동굴처럼 생긴 곳이었는데 돌을 쌓아 올려 만들었다. 옛날에는 냉장고가 없었는데 석빙고와 같은 것을 만들어 냉장고 대신 사용했다고 한다. 밖에서 들어오는 열을 차단하고 안의 열을 배수로로 빠지게 만드는 과학적인 점이 놀라웠다.

밤에는 '안압지'라는 곳에 갔다. 안압지는 귀한 손님을 대접하던 곳이다. 불이 켜진 건물과 호수는 너무 아름다웠다.

이번 여행은 신라 시대 사람들의 숨결을 느낄 수 있는 재미있는 시간이었다. 다음에 또 가서 다른 유적지도 구경하고 싶다.

내용 간추리기

우리 가족은 주말에 경주로 여행을 가서 여러 곳을 구경했다. 신라 시대에 태양, 달, 행성의 변화를 관측하던 (   ), ... 인 석빙고를 구경했다. 또 밤에는 .... 인 (   )을(를) 구경했다. 다음에 경주에 또 가서 다른 곳을 구경하고 싶다.

일의 순서에 따라 간추리기

내용 간추리기

 월 일

이번 주 중 여러분의 기억에 남는 하루를 골라 보세요. 그날 있었던 일을 자세히 떠올려 보고 일의 순서에 맞게 써 보세요. 그런 뒤 내용을 간추려서 글로 정리해 보세요.

일의 순서 정리하기

내용 간추리기

어떻게 되었을까? (결과 찾기)

원인과 결과

 월 일

다음 문장을 읽고, 그 문장 때문에 어떤 일이 일어날지 상상해서 써 보세요.

1. 숙제를 안 했어요. 그래서 ....

2. 밥을 골고루 먹었어요. 그래서 ....

3. 친구와 싸웠어요. 그래서 ....

4. 양치하기 귀찮아서 그냥 잤어요. 그래서 ....

5. 엄마 잔소리가 싫어서 화를 냈어요. 그래서 ....

6. 게임을 늦은 시간까지 했어요. 그래서 ....

왜 그렇게 되었을까? (원인 찾기)

원인과 결과

 월 일

다음 문장을 읽고, 이 상황이 어떤 일 때문일지 상상해서 써 보세요.

1 ▷ ....
그래서 선생님에게 꾸중을 들었어요.

2 ▷ ....
그래서 동생의 소중함을 알게 되었어요.

3 ▷ ....
그래서 영화를 보기 전에 화장실을 꼭 들러요.

4 ▷ ....
그래서 빨간색을 싫어하게 되었어요.

5 ▷ ....
그래서 내 별명이 지우개가 되었어요.

6 ▷ ....
그래서 수학 공부를 열심히 했어요.

원인과 결과 이야기하기

원인과 결과

 월 일

다음 대화를 읽고 물음에 답하세요.

<학교에서>

선생님: 매일 달의 모양이 바뀐답니다. 달은 점점 차올라서 둥그런 보름달이 되었다가 다시 조금씩 줄어들어 그믐달이 됩니다. 오늘은 달의 모양이 어떤지 관찰해 보고 활동지에 그림으로 그려 오는 것이 숙제입니다.

경희: 네.

<집에서>

경희: 엄마 저 밤에 옥상에 다녀올게요.
엄마: 뭐?
경희: 카메라 주세요.
엄마: 무슨 말이니? 앞뒤 이야기가 없으니 무슨 말인지 모르겠어.
경희: 아, 제 말은요.
　　　　　　　　　？

경희는 왜 밤에 옥상에 가야 하는지 설명하지 않았어요. 갑자기 이렇게 말하면 엄마가 당황하시겠죠? 원인과 결과를 생각하며 상황을 엄마에게 설명해 보세요. 이어 주는 말(그래서, 그러므로, 따라서, 왜냐하면 등)을 쓰면 좋습니다.

▷ ....
....
....
....

원인과 결과에 따라 내용 정리하기

원인과 결과

 월 일

다음 이야기를 읽고 원인과 결과를 생각하며 빈칸에 알맞은 내용을 써 보세요.

오랜만에 이모네와 캠핑을 갔어요. 이번 주에 아빠 생신이 있어서 축하할 겸 캠핑을 간 거예요. 캠핑장에 도착하여 텐트를 치고 우리는 앞에 있는 계곡에 가서 발을 담갔어요. 날씨가 더웠는데 계곡 물이 차가워서 온몸이 시원해지는 느낌이었어요.

저녁에 삼겹살과 소시지를 구워서 먹었어요. 야외에서 먹는 데다 가족, 친척들과 함께 먹으니 꿀맛이었어요. 그래서 밥도 두 그릇이나 먹었어요.

그런데 저 멀리서 고양이가 이쪽으로 오고 있었어요. 배가 고파서 음식 냄새를 맡고 온 것 같았어요. 저는 안쓰러워서 고양이에게 줄 음식을 덜어 가까이 다가갔어요. 고양이는 도망가지 않고 제가 주는 음식을 먹었어요. 배고팠던 고양이에게 도움을 준 것 같아 괜히 뿌듯했어요.

밤에 텐트에서 게임도 하고 즐거운 시간을 보낸 뒤 잠이 들었어요. 다음에도 이렇게 멋진 캠핑을 또 하고 싶습니다.

이번 주에 이모네와 캠핑을 갔어요.	⇨	왜냐하면 ....
....	⇨	그렇기 때문에 저는 뿌듯했어요.

원인과 결과로 이야기 꾸며 쓰기

원인과 결과 월 일

다음을 읽고 이어질 이야기를 다음 조건에 맞게 꾸며 써 보세요.

<조건>
- 이야기는 이어 주는 말(그래서, 그러므로, 따라서, 왜냐하면 등)을 사용한 문장으로 씁니다.
- 한 칸에 한 문장만 씁니다.
- 이야기가 자연스럽게 연결되어야 합니다.

철우는 학원 끝나고 돌아오는 길에 영선이와 말다툼을 했습니다.

⬇

⬇

⬇

⬇

그래서 철우와 영선이는 다시 예전처럼 사이좋은 친구가 되었습니다.

꼬리에 꼬리를 무는 원인 찾기

원인과 결과

 월 일

모든 일은 원인과 결과로 계속 이어집니다. 어떤 일의 결과가 다음 일의 원인이 되거든요. 이번엔 거꾸로 결과를 보고 원인을 하나씩 거슬러 찾아보기로 해요. 여러분의 상상력을 마음껏 발휘해 주세요.
*밑에서부터 시작이에요.

⬆왜?

⬆왜?

⬆왜?

⬆왜?

⬆왜?

나는 오늘 많이 슬펐다.

시작

원인과 결과로 일기 쓰기

원인과 결과

월 일

요즘 기쁘거나 슬픈 일, 힘들거나 화났던 일 중 한 가지를 떠올려 보세요. 그 일을 원인과 결과로 정리해 보고 이어 주는 말(그래서, 그러므로, 따라서, 왜냐하면 등)을 사용하여 일기를 써 보세요.

▷ ……………………………

▷ 원인과 결과 생각하기

<원인>

<결과>   <원인>

<결과>   <원인>

<결과>

일기 쓰기

미래의 교통수단 상상하기

원인과 결과

 월 일

미래에는 새로운 교통수단이 발달하겠죠? 미래에 어떤 교통수단으로 이동할지 생각해 보았나요? 여러 가지 새로운 교통수단이 생기면 좋은 점도 있고 문제점도 있을 거예요. 미래의 모습을 상상해 보고 어떤 일이 있을지 상상해서 글로 써 보세요. 이어 주는 말(그래서, 그러므로, 따라서, 왜냐하면 등)을 사용하여 써 보세요.

국어사전 규칙 알기

국어사전 월 일

우리는 모르는 낱말이 있을 때 국어사전을 찾아봅니다. 국어사전은 낱말의 뜻을 뒤죽박죽 실어 놓은 것이 아니라 규칙이 있습니다. 한글 글자는 첫 자음자, 모음자, 받침으로 이루어져 있어요. 이 순서대로 국어사전에서 낱말을 찾으면 됩니다.

국어사전에 실린 자음과 모음, 받침을 순서대로 써 보세요.

정답 168쪽

1 첫 자음자

ㄱ	ㄲ	ㄷ	ㄸ		ㅁ		ㅃ	
ㅆ	ㅇ	ㅉ	ㅊ			ㅍ	ㅎ	

2 모음자

ㅏ	ㅐ		ㅒ	ㅓ		ㅕ	ㅖ	ㅗ
ㅙ	ㅚ	ㅜ		ㅞ	ㅟ			ㅡ
ㅣ								

3 받침

ㄱ		ㄳ	ㄴ		ㄶ	ㄹ	ㄺ	ㄻ
	ㄽ	ㄾ	ㄿ	ㅀ		ㅂ	ㅄ	ㅅ
ㅇ	ㅈ			ㅌ	ㅍ			

국어사전 찾는 방법 알기

국어사전

 월 일

다음 낱말을 첫 자음자, 모음자, 받침으로 구분해 보고 국어사전에서 뜻을 찾아보세요. 종이책 국어사전으로 뜻을 찾는 것이 좋습니다. 만약 집에 없으면 도서관에 비치된 국어사전으로 찾아보세요. 종이책 국어사전을 찾기 어렵다면 인터넷 국어사전(국립국어원 표준국어대사전 등)을 이용하세요.

정답 168쪽

1 낱말: '국어'

국	
첫 자음자	ㄱ
모음자	
받침	

어	
첫 자음자	
모음자	ㅓ
받침	없음

국어사전의 뜻	한 나라의 국민이 쓰는 말

2 낱말: '사전'

사	
첫 자음자	
모음자	
받침	

전	
첫 자음자	
모음자	
받침	

국어사전의 뜻	

국어사전 실린 순서 알기

국어사전

월 일

다음 낱말들을 국어사전에 실린 순서대로 써 보세요.

정답 168쪽

낱말	국어사전에 실린 순서
겨자, 겨울, 겨드랑이	➡ ➡
다리, 다용도, 다르다	➡ ➡
차례, 차분하다, 창문	➡ ➡
호랑이, 치타, 코뿔소	➡ ➡
조랑말, 얼룩소, 염소	➡ ➡
도마, 냄비, 프라이팬	➡ ➡
공책, 연필, 샤프	➡ ➡
박물관, 미술관, 과학관	➡ ➡
장미, 프리지아, 도라지꽃	➡ ➡

*실린 순서가 맞는지 국어사전을 찾아보세요.

국어사전에서 뜻 찾아보기 1

국어사전

 월 일

다음 왼쪽 낱말의 뜻을 국어사전에서 찾아보고 오른쪽에서 뜻을 찾아 연결하세요. 그리고 그중 한 가지를 골라 자신의 경험을 써 보세요.

정답 169쪽

1 국어사전에서 낱말의 뜻을 찾아보고 연결하세요.

| 정월대보름 | ○ ─ ○ | 이십사절기의 하나. 대설(大雪)과 소한(小寒) 사이에 들며 태양이 ○○점을 통과하는 때인 12월 22일이나 23일경이다. |

| 단오 | ○ ─ ○ | 우리나라 명절의 하나. 음력 5월 5일로, ○○떡을 해 먹고 여자는 창포물에 머리를 감고 그네를 뛰며 남자는 씨름을 한다. |

| 동지 | ○ ─ ○ | ○○날을 명절로 이르는 말. 새벽에 귀밝이술을 마시고 부럼을 깨물며 약밥, 오곡밥 따위를 먹는다. |

| 삼복 | ○ ─ ○ | 초복, 중복, 말복을 통틀어 이르는 말. |

2 위의 낱말 중 한 가지를 골라 관련된 경험을 써 보세요.

▷ ....
....
....

국어사전에서 뜻 찾아보기 2

국어사전

유찬이는 사회 시간에 옛날의 교통수단에 대해 공부하다가 낱말의 뜻을 몰라 국어사전을 찾아보려고 합니다. 다음 낱말들을 국어사전에 실린 순서대로 쓰고 국어사전에서 뜻을 찾아 써 보세요.

정답 169쪽

| 가마 | 소달구지 | 돛단배 | 증기선 |

국어사전에 실린 순서	국어사전에서 찾은 낱말의 뜻
1	
2	
3	
4	

형태가 바뀌는 낱말을 국어사전에서 찾기

국어사전

 월 일

'먹는다, 먹으니, 먹어서, 먹으면'처럼 형태가 바뀌는 낱말이 있어요. 이런 낱말들의 뜻을 국어사전에 다 싣기 어렵기 때문에 같은 뜻이지만 형태가 다른 경우 '기본형'으로 뜻을 찾아야 합니다. 기본형은 낱말에서 형태가 바뀌는 부분과 바뀌지 않는 부분을 찾고, '바뀌지 않는 부분'에 '다'를 붙이면 됩니다. 다음 문제를 통해 기본형 찾는 연습을 해 보세요. 그리고 국어사전에서 뜻을 찾아 써 보세요.

정답 169쪽

예

먹는다, 먹으니, 먹어서, 먹으면		
형태가 바뀌지 않는 부분(A)	형태가 바뀌는 부분(B)	기본형(A+'다')
먹	는다	먹다
먹	으니	
먹	어서	
먹	으면	
기본형의 뜻: 음식 따위를 입을 통하여 배 속에 들여보내다.		

1

참으니, 참아서, 참으면, 참고		
형태가 바뀌지 않는 부분(A)	형태가 바뀌는 부분(B)	기본형(A+'다')

기본형의 뜻: (   )

2

지나니, 지나서, 지나고, 지나면서		
형태가 바뀌지 않는 부분(A)	형태가 바뀌는 부분(B)	기본형(A+'다')

기본형의 뜻: (   )

뜻이 다른 낱말

국어사전

월 일

선유는 인터넷 국어사전으로 '그릇'이라는 낱말의 뜻을 찾아보았습니다. 그랬더니 다음과 같이 2가지 뜻이 나왔습니다. 아래 문장은 둘 중 어떤 뜻인지 골라 보세요. 그리고 같은 뜻으로 '그릇'을 넣어 문장을 만들어 보세요.

뜻1	그릇[1] [그륻] ★★★ 1. 명사 음식이나 물건 따위를 담는 기구를 통틀어 이르는 말. 세는 단위는 개, 벌, 죽 따위가 있다. 2. 명사 어떤 일을 해 나갈 만한 능력이나 도량 또는 그런 능력이나 도량을 가진 사람을 비유적으로 이르는 말. 3. 명사 음식이나 물건을 '「1」'에 담아 그 분량을 세는 단위. 유의어 국량 기량[3] 기명[7] 표준국어대사전
뜻2	그릇[2] [그륻] 1. 부사 어떤 일이 사리에 맞지 아니하게. 2. 부사 어떤 일이나 형편이 잘못되게. 3. 부사 어떤 상태나 조건이 좋지 아니하게. 유의어 글리[1] 잘못 표준국어대사전

1 선생님께서 거짓말한 우리들을 부르셔서 <u>그릇</u>된 행동을 하면 안된다고 하셨다.
　　　　　　　　　　　　　　　　　　　　　　(뜻1, 뜻2)

▶ 문장 만들기

....

2 방과 후에 친구들과 운동장에서 축구를 신나게 했다. 집에 오니 엄마께서 떡국을 해 주셨다. 나는 너무 배고파서 떡국을 2<u>그릇</u>이나 먹었다.
　　　　　　　　　　　　　　　　　　　　(뜻1, 뜻2)

▶ 문장 만들기

....

국어사전을 찾으며 글 읽기

국어사전 월 일

글을 읽을 때 낱말의 의미를 알고 읽어야 글의 내용을 완전히 이해할 수 있어요. 다음 글에서 밑줄 친 낱말의 기본형과 뜻을 찾아 써 보세요.

정답 169쪽

체육시간

체육시간에 100m 달리기를 했다. 내 차례가 되니 너무 긴장됐다. 선생님의 출발 신호를 보고 나는 있는 힘껏 달리기 시작했다. 진영이가 앞서가자 나는 힘을 내서 진영이를 바짝 뒤쫓았다. 그런데 마음이 너무 급했는지 발을 잘못 디뎌 넘어지고 말았다. 아프지는 않았지만 너무 창피해서 선생님에게 아프다고 하고 앉아 있었다.

다음 차례는 여진이와 선종이었다. 둘은 막상막하로 뛰었는데 여진이가 넘어지고 말았다. 여진이 무릎이 많이 아픈 것 같았다. 하지만 여진이는 포기하지 않고 끝까지 결승선을 향해 달렸다. 우리는 여진이가 결승선에 도착하자 박수를 쳐 주었다. 최선을 다한 여진이가 너무 멋있었고 포기한 내가 부끄러웠다.

	기본형	국어사전에서 찾은 낱말의 뜻
뒤쫓았다		
달렸다		
부끄러웠다		

짐작하기 월 일

다음은 엄마와 가게주인의 대화입니다. 민지는 이 대화를 들으며 뜻을 모르는 낱말이 있어 곰곰이 생각해 보았습니다. 민지가 뜻을 모르는 낱말은 밑줄 친 2가지입니다. 민지를 도와 밑줄 친 낱말의 의미를 짐작해 보고, 국어사전에서 실제 뜻을 찾아 비교해 보세요.

정답 170쪽

엄마: 아주머니, 이 도라지 얼마예요?
가게주인: 한 봉지에 만 원이에요.
엄마: 왜 이렇게 비싸요? 조금만 깎아 주세요.
가게주인: <u>에누리</u>는 안 돼요. 원래 만오천 원인데 빨리 팔고 들어가야 해서 <u>헐값</u>에 파는 거예요. 맛이 좋으니 한 번 드셔 보세요.

1 '에누리'의 뜻

짐작한 뜻	
국어사전의 뜻	

2 '헐값'의 뜻

짐작한 뜻	
국어사전의 뜻	

짐작하기

 월   일

모르는 낱말이 있을 땐 앞뒤 내용을 살펴보고 뜻을 짐작해 볼 수 있어요. 다음 이야기를 읽어 보고, 밑줄 친 낱말의 앞뒤에서 단서를 찾아 낱말의 뜻을 짐작해 보세요.

정답 170쪽

> 송현이는 할아버지가 일하시는 목장으로 갔다. 말들이 방목장에서 신나게 뛰어다니고 있었다. 갇혀 있다가 방목된 말들은 무척 행복해 보였다. 내가 좋아하는 말인 사랑이와 소망이도 서로 장난치며 이리저리 뛰어다니고 있었다. 사랑이와 소망이는 내가 어린 시절 할아버지 댁에서 한 달 정도 있을 때 친해졌다. 그래서 내가 오면 반가워한다.
> 할아버지가 방목장에 안 계셔서 사무실로 가니 거기에서 일을 하고 계셨다. 할아버지는 말의 편자를 짜고 계셨다. 할아버지는 주기적으로 편자를 만들어 말굽에 갈아 끼워 주신다. 말굽이 닳아 아플까 봐 걱정하시는 마음이 느껴졌다.

1 '방목'의 뜻

짐작한 뜻	
글에서 찾은 단서	

2 '편자'의 뜻

짐작한 뜻	
글에서 찾은 단서	

낱말의 뜻 짐작하기 3

짐작하기

낱말의 뜻을 짐작할 때는 뜻이 비슷한 다른 낱말로 바꾸어 보는 방법이 있습니다. 다음 글에서 밑줄 친 낱말과 뜻이 비슷한 낱말을 찾아보고, 낱말의 의미를 짐작해 보세요. 그리고 낱말을 넣어 문장을 만들어 보세요.

정답 170쪽

> 수영이와 다섯 시에 만나기로 약속을 했다. 다섯 시에 약속을 했지만 수영이는 분명 다섯 시 반에나 약속 장소에 나올 것이다. 그동안 수영이는 약속을 <u>밥 먹듯이</u> 안 지켰다. 제 시간에 나가도 거의 30분씩 기다린다. 수영이는 양치기소년 같다. 나는 이제 수영이의 말을 믿지 않는다.
>
> 역시나 오늘도 수영이는 약속 시간에 30분 늦었다. 나는 엄마에게 수영이가 약속을 너무 안 지킨다고 <u>푸념</u>을 늘어놓았다. 엄마는 수영이에게 마음을 털어놓아 보라고 조언해 주셨다. 내일은 수영이와 이야기해 봐야겠다.

1 '밥 먹듯이'의 뜻

뜻이 비슷한 낱말	
'밥 먹듯이'를 넣어 문장 만들기	

2 '푸념'의 뜻

뜻이 비슷한 낱말	
'푸념'을 넣어 문장 만들기	

인물의 마음 짐작하기

짐작하기

 월 일

다음 이야기에서 기찬이의 마음이 어땠을지 짐작해 보세요.

기찬이는 작업실로 향했다. 아빠가 그림을 그리다가 놀란 표정으로 말씀하셨다.
"너 여기에 왜 왔니?"
기찬이가 대답했다.
"아빠, 저도 만화가가 되고 싶어요."
아빠는 매정하게 몰아세웠다.
"만화가는 아무나 되는 줄 알아? 그냥 하라는 공부나 하지 쓸데없는 소리야. 당장 그만둬."
아빠의 꾸중에 기찬이는 작업실에서 나왔다. 얼굴이 빨개진 것이 느껴졌다. 기찬이는 주먹을 불끈 쥐었다.
"왜 내가 좋아하는 걸 못하게 하는 거야."

기찬이의 마음을 알 수 있는 단서	이와 비슷한 나의 경험

기찬이의 마음은 어땠을까요?

부모님의 잔소리

짐작하기

말에 담긴 의미를 짐작하려면 상황을 살펴보고 그 사람의 입장이 되어 마음을 생각해 보면 됩니다. 부모님의 말 속에 담긴 의미를 짐작해 보세요.

1 부모님이 최근에 나에게 하신 잔소리는 무엇인가요? 가장 기억에 남는 엄마의 말이나 자주 듣는 말을 떠올려 보세요.

▷ ....

2 부모님께서 어떤 상황에서 그런 말씀을 하셨나요?

▷ ....

3 부모님은 그 말씀을 하실 때 어떤 마음이셨을까요? 부모님의 입장이 되어 생각해 보고, 말에 담긴 의미를 짐작하여 자세히 써 보세요.

▷ ....

열두 달 순우리말

짐작하기

 월 일

일 년은 열두 달로 이루어져 있습니다. 1월, 2월, 3월…12월로 부르지요. 그런데 순우리말 달 이름이 있는 것을 알고 있나요? 순우리말 이름에는 각 달의 특징이 드러나 있습니다. 여러분의 경험을 살려 순우리말 달 이름의 의미를 짐작해 보세요.

정답 170쪽

1 열두 달을 나타내는 순우리말을 알아보세요.

월	순우리말	뜻
1월	해오름달	①
2월	시샘달	잎샘추위와 꽃샘추위가 있는 겨울의 끝 달
3월	물오름달	뫼와 들에 물오르는 달
4월	잎새달	②
5월	푸른달	마음이 푸른 모든 이의 달
6월	누리달	온 누리에 생명의 소리가 가득 차 넘치는 달
7월	견우직녀달	견우직녀가 만나는 아름다운 달
8월	타오름달	하늘에서는 해가, 땅 위에서는 가슴이 타는 정열의 달
9월	열매달	③
10월	하늘연달	밝달뫼에 아침의 나라가 열린 달
11월	미틈달	가을에서 겨울로 치닫는 달
12월	매듭달	④

2 내 생일이 있는 달의 순우리말을 위에서 찾고, 그 낱말을 이용해서 문장을 만들어 보세요.

▷ ....

경험과 지식 떠올리기 1

중심 생각 찾기

 월 일

2분 동안 '로봇' 하면 떠오르는 낱말들을 써 보세요. 그리고 어떤 로봇이 있으면 좋을지 생각해 보고, '나에게 필요한 로봇'에 대해 이유와 함께 써 보세요.

1 '로봇' 하면 떠오르는 낱말들을 자유롭게 써 보세요. (2분 동안)

2 '나에게 필요한 로봇'은 무엇인가요?

어떤 로봇	필요한 이유

경험과 지식 떠올리기 2

중심 생각 찾기

● 월 ● 일

물놀이를 간 적이 있나요? 물놀이와 관련된 자신의 경험과 지식을 떠올리며 2분 동안 자유롭게 생각나는 것을 적어 보세요. 그리고 물놀이를 할 때 위험한 점에 대해 생각해 보세요.

1 '물놀이' 하면 떠오르는 낱말들을 자유롭게 써 보세요. (2분 동안)

2 물놀이를 할 때 위험한 순간과 이럴 때 어떻게 하면 좋을지에 대해 생각해 보세요.

위험한 순간	대처 방법

경험과 지식 떠올리기 3

중심 생각 찾기

 월 일

인터넷에 다음과 같은 고민 글이 올라왔습니다. 이와 관련된 경험을 떠올려 보고 글쓴이의 고민에 대해 댓글을 달아 주세요.

> 저는 고민이 하나 있습니다.
> 저도 모르게 욕을 하게 되는 것입니다.
> 특히 기분이 나쁠 때는 더 많이 하게 됩니다.
> 욕을 해서 친구들과 사이가 안 좋아진 적도 있고 부모님께 꾸중을 들은 적도 있습니다.
> 욕이 나쁜 것을 알고 있습니다. 하지만 잘 고쳐지지 않아 고민입니다.
> 저 좀 도와주세요!

1 글쓴이의 고민은 무엇인가요?

▷ ....

2 '욕'과 관련된 경험을 떠올려 보세요.

▷ 언제 욕을 하거나 들었나요?
....

▷ 욕을 하거나 들었을 때 기분이 어땠나요?
....

3 고민 글을 쓴 친구에게 도움을 주는 댓글을 달아 보세요.

▷ ....

....

내용 파악하기 1

중심 생각 찾기

  월 일

다음 글을 읽고 글과 관련하여 이전에 알고 있던 내용과 새롭게 안 내용을 정리해 보세요.

수영 중에 다리에 쥐가 나면 이렇게 하세요

여러분은 수영을 좋아하나요? 더운 날씨에 우리는 더위를 피하기 위해 물놀이를 많이 합니다. 물에 풍덩 뛰어들면 시원할 뿐만 아니라 재미있고 기분까지 상쾌해집니다. 하지만 즐거운 물놀이도 자칫 위험할 때가 있습니다. 그중의 하나가 수영 중 다리에 쥐가 나는 경우입니다. 수영 중에 다리에 쥐가 났을 때 어떻게 하면 좋을지 알아봅시다.

먼저 다리를 편 상태에서 발가락을 몸 쪽으로 당겨 줍니다. 당길 때 근육이 늘려져 쥐가 풀리는 데 도움이 됩니다. 또 당황하지 말고 몸에서 힘을 최대한 뺍니다. 몸에서 힘을 빼면 물에 뜨게 되어 상체의 움직임으로 이동이 가능합니다.

무엇보다 중요한 것은 수영 전에 충분히 준비 운동을 하고 중간 중간 휴식을 취하는 것입니다. 쥐는 근육을 너무 많이 사용하거나 긴장할 때 나기 쉬우므로 스트레칭과 휴식을 틈틈이 한다면 예방할 수 있습니다.

쥐가 났을 때의 예방법과 대처법 모두 이해했나요? 건강하게 물놀이를 즐기는 어린이가 됩시다.

1 이전에 알고 있던 내용 ▷ **예** 물에 들어가기 전에 준비 운동을 해야 한다는 것

2 새롭게 안 내용 ▷ **예** 쥐가 났을 때 다리를 쭉 펴고 몸 쪽으로 당기면 도움이 된다는 것

내용 파악하기 2

중심 생각 찾기 월 일

다음 글을 읽고 글과 관련하여 이전에 알고 있던 내용과 새롭게 안 내용을 정리해 보세요.

세계에서 많은 과학자가 사람이 하는 일을 대신해 줄 로봇을 연구 개발하고 있습니다. 그 결과 다양한 로봇이 개발되었습니다. 어떤 로봇이 있는지 살펴보겠습니다.

첫째, 수술 로봇이 수술을 합니다. 의사 없이 로봇이 수술을 하는 것은 아니고, 수술 도구를 움직일 수 있는 로봇을 의사가 제어해서 수술을 진행하는 것입니다. 수술 부위가 적고 미세하게 수술할 수 있다는 장점이 있습니다.

둘째, 화가 로봇이 그림을 그리고 전시회를 엽니다. 화가 로봇은 그림 그리는 기술을 스스로 학습합니다. 연습을 통해 실력을 쌓아 자신만의 그림을 그립니다. 로봇이 예술 분야까지 확장된 것을 보여 줍니다.

셋째, 서빙 로봇이 음식을 배달해 줍니다. 음식점에서 서빙 로봇을 사용하는 곳이 늘고 있습니다. 음식을 로봇에 올려놓고 테이블 번호만 입력하면 로봇이 이동하여 음식을 전달합니다. 사람은 로봇이 해야 할 일을 입력만 하면 됩니다.

지금까지 로봇이 얼마나 발전했는지 몇 가지 예로 알아보았습니다. 미래에는 로봇이 더 다양하게 개발되고 이용될 것입니다. 여러분은 어떤 로봇을 상상하고 있나요? 여러분이 상상하는 로봇이 현실이 될 것입니다.

---

1 이전에 알고 있던 내용 ▷

2 새롭게 안 내용 ▷

KWL로 생각하기

중심 생각 찾기

 월 일

다음 글을 읽고 알고 있는 내용(K), 더 알고 싶은 내용(W), 새로 안 내용(L)을 써 보세요.

시끄러운 소리나 크고 높은 소리를 '소음'이라고 합니다. 소음의 종류와 각 소음을 줄이는 방법에는 어떤 것들이 있는지 알아보겠습니다.

먼저 자동차 소음이 있습니다. 자동차의 경적 소리나 운행 소리는 사람들에게 피해를 줍니다. 그래서 방음벽을 설치해서 소음을 도로 쪽으로 반사시킵니다.

또 비행기 소음이 있습니다. 공항을 사람이 많이 살지 않는 먼 곳에 지어 소음으로 인한 피해를 줄입니다.

이웃집의 피아노 소리, 청소기 소리 등도 있습니다. 이웃 간의 갈등이 생기기도 하므로 늦은 시간에는 악기 연주를 하지 않고 청소기 사용도 자제합니다.

공사장의 소음도 있습니다. 굴착기 소리 등은 소리가 커서 피해를 줍니다. 이는 공사장 주변에 방음벽을 설치해서 소음을 줄입니다.

알고 있는 내용 K(know)	
더 알고 싶은 내용 W(want to know)	
새로 안 내용 L(learned)	

글에서 중심 생각 찾기 1

중심 생각 찾기

 월 일

다음 글을 읽고 중심 생각을 찾아보세요.

정답 170쪽

공기를 소중히 여겨야 하는 까닭

1 비눗방울이나 풍선 안에 들어 있는 것은 무엇일까요? 바로 공기입니다. 공기는 지구를 둘러싸고 있으면서 우리에게 많은 영향을 미칩니다. 어떤 영향을 미치는지 살펴보겠습니다.

2 첫째, 공기는 생명체가 숨을 쉴 수 있게 해 줍니다. 동물이든 식물이든 모두 공기로 호흡을 하며 살아갑니다. 공기가 없어 호흡을 하지 못한다면 생명은 유지될 수 없습니다.

3 둘째, 바람, 구름, 비 등 날씨를 변화시킵니다. 공기의 이동으로 바람이 생기고 구름이 만들어집니다. 구름이 변해 비와 눈이 되어 내리기도 합니다.

4 셋째, 사람들의 다양한 활동을 도와줍니다. 사람들은 공기를 이용해 연날리기를 하기도 합니다. 또 해수욕장에서 튜브를 타거나 바다 서핑을 합니다.

5 이처럼 공기는 눈에 보이지 않지만 우리 생활에 많은 영향을 줍니다. 공기가 없으면 어떻게 될까요? 공기를 소중히 여기고 오염시키지 않으려는 마음을 가집시다.

1 각 문단의 중심 내용을 정리해 보세요.

문단	중심 내용
1	공기는 우리 생활에 많은 영향을 미친다.
2	
3	
4	
5	공기를 소중히 여기는 마음을 갖자.

2 각 문단의 중심 내용을 토대로 이 글의 중심 생각을 한 문장으로 써 보세요.

▷ ....

....

글에서 중심 생각 찾기 2

중심 생각 찾기 월 일

다음 글을 읽고 중심 생각을 찾아보세요.

정답 170쪽

사랑하는 여진아.
친구 때문에 속상해하는 여진이를 보니 엄마도 속상하네. 좋은 친구 사이를 위해서는 몇 가지 지켜야 할 일이 있어.
먼저 나 자신만 생각하면 안 돼. 내 마음뿐만 아니라 친구의 마음도 생각해야 서로를 이해할 수 있어. 그러면 친구에게 속상한 일이 적어지겠지?
그리고 친구 사이에서 문제는 대화로 해결해야 해. 힘으로 이기려 하거나 그냥 말하지 않는 방법으로는 문제를 잘 해결할 수 없어.
마지막으로 친구 사이에 문제가 생겼을 때 진정한 사과와 용서를 구해야 해. 그냥 문제를 대충 넘기려 하거나 겉으로만 사과와 용서를 하면 마음이 풀리지 않아.
엄마의 조언이 도움이 되면 좋겠어.
항상 너를 믿어. 잘 해결하길 바란다.
오후에 보자.

엄마가

1 엄마가 '좋은 친구 사이를 위해 지켜야 할 일'에 대해 말한 내용을 정리해 보세요.

①
②
③

좋은 친구 사이를
위해 지켜야 할 일

2 여러분은 친구와 싸운 적이 있나요? 친구 관계에서 반성할 점을 찾아보고 앞으로 어떻게 해야 할지 계획을 세워 보세요.

▷ 친구와 싸운 경험:

▷ 친구 관계에서 반성할 점:

▷ 우정을 위한 앞으로의 계획:

우리는 모두 공동체의 일원으로 살아가고 있어요. 우리가 소속된 공동체는 가족 공동체, 학급 공동체, 지역 공동체, 국가 공동체 등 다양해요. 나를 둘러싼 사회에 대해 이해하는 것은 사회 구성원으로 살아가는 데 아주 중요한 일이에요. 또 다양한 구성원과 대화할 때 어떤 표현을 쓰면 좋을지에 대해 안다면 좋은 관계를 유지하는 데 도움이 됩니다. 이번 장에서는 우리가 속한 공동체와 그 속에서의 삶에 대해 알아보고, 사람들과 원활한 소통을 하기 위해 필요한 표현들을 알아볼 거예요.

4

함께 살기 능력

높임말 확인하기

높임 표현

월 일

우리말에는 높임 표현이 있습니다. 상황에 알맞은 높임 표현을 사용하면 다른 사람과 관계를 맺을 때 훨씬 예의 바르게 할 수 있어요. 높임을 나타내는 말에는 어떤 것이 있는지 생각해 보고 빈칸에 알맞은 낱말을 써 보세요.

정답 171쪽

밥 ( )	자다 ( )
말 ( )	먹다 ( )
생일 ( )	미안하다 ( )
이름 ( )	주다 ( )
-에게 ( )	아프다 ( )
있다 ( )	묻다 ( )

학교에서 높임 표현이 틀리는 경우

높임 표현

 월 일

학교에서 학생들이 많이 틀리는 높임 표현이 있어요. 많은 친구가 헷갈려하는 것들이에요. 다음 문장을 알맞은 높임 표현을 사용하여 고쳐 써 보세요.

정답 171쪽

A: 선생님, 물어볼 게 있어요.

▷ A: _____

A: 수진아, 선생님이 뭐래?
B: 책상 서랍에 교과서 넣으래.

▷ A: _____
▷ B: _____

A: 얘들아, 선생님 온다!
B: 야, 선생님 온대!

▷ A: _____
▷ B: _____

A: 선생님 뭐 해?
B: 선생님 숙제 검사하는 것 같은데?

▷ A: _____
▷ B: _____

높임 표현 제대로 쓰기 1

높임 표현

 월 일

대화를 할 때 듣는 사람이 누구냐에 따라 같은 내용도 다르게 말해야 해요. 듣는 사람보다 말하는 사람이 웃어른인 경우에는 '높임 표현'을 사용해야 합니다. 다음 문제를 읽고 물음에 답하세요.

정답 171쪽

1 어떤 높임 표현이 좋을지 생각해서 써 보세요.

친구에게	선생님께
다음 시간 과목이 뭐야?	**예** 다음 시간 과목이 뭐예요?
이거 먹어 봐. 맛있어.	
이 게임 어떻게 하는 거야?	
강민이가 오늘 생일 파티를 한대.	

2 다음 국어 시간의 대화를 읽고 틀린 부분을 찾아 고쳐 보세요.

선생님: 오늘은 고마웠던 사람에게 마음을 전하는 편지를 쓸 거예요. 여러분 평소에 고마웠던 사람이 있나요? 한 명을 떠올려 보고 그 사람에게 정성을 담아 편지를 써 봅시다.
민서: 범수야, 난 친척 동생께 드릴 거야. 너는 편지 누구한테 쓸 거야?
범수: 나는 엄마한테 줄 거야.
민서: 아, 나도 엄마께 고마운 마음을 전해야겠다.

▷ ....
▷ ....

높임 표현

행동하는 대상(사람)이 나보다 나이가 많을 때에는 높임 표현을 사용해야 합니다. 대상에 따라 밑줄 친 부분의 알맞은 높임 표현을 사용하여 빈칸에 써 보세요.

정답 171쪽

| 예
행동하는 대상: 형
하준이형<u>이</u> 여기로 <u>온다</u>. | 예
행동하는 대상: 선생님
▷ (과학 선생님<u>께서</u> 여기로 <u>오신다</u>.) |

| 행동하는 대상: 동생
내 동생이 음료수를 <u>먹는다</u>. | 행동하는 대상: 할머니
▷ ( ) |

| 행동하는 대상: 친구
예준<u>이가</u> 공을 <u>정리한다</u>. | 행동하는 대상: 감독님
▷ ( ) |

| 행동하는 대상: 후배
윤경<u>이가</u> 댓글을 <u>달았다</u>. | 행동하는 대상: 선생님
▷ ( ) |

| 행동하는 대상: 친구
태윤<u>이가</u> <u>응원을 해 줬어</u>. | 행동하는 대상: 아버지
▷ ( ) |

지나친 높임 표현

높임 표현

 월 일

높임 표현은 상황에 맞게 적절하게 사용해야 해요. 그런데 우리 생활 속에서 높임 표현을 지나치게 사용하는 경우가 많아요. 다음 대화에서 <u>틀린 부분</u>을 찾아보세요. 그리고 찾은 부분을 <u>바른 표현</u>으로 고쳐 보세요.

정답 172쪽

<대화>

은서: 불고기 피자 얼마예요?

점원: 미디엄 사이즈는 1만 원, 라지 사이즈는 2만 원이십니다.

은서: 네. 불고기 피자와 콜라 하나 주세요.

점원: 주문하신 음식 나오셨습니다.
　　　음식 받는 곳은 오른쪽이십니다.

은서: 네. 감사합니다.

---

1 틀린 부분을 찾아 고치세요.

예	2만 원이십니다.	➡	2만 원입니다.
①		➡	
②		➡	

2 여러분도 비슷한 경험을 한 적이 있나요? 경험을 떠올려 보세요.

▶

높임 표현을 써서 편지 쓰기

높임 표현

 월 일

윤아는 친구에게 편지를 썼어요. 같은 내용을 외할머니께도 전하고 싶다면 어떻게 쓰면 좋을까요? 알맞은 높임 표현을 써서 편지를 써 보세요.

연서에게

연서야 안녕? 나 윤아야.

나는 지금 제주도에 가족들과 여행을 왔어. 오랜만에 바다에서 물놀이도 하니 너무 좋더라. 동생이랑 모래사장에서 모래성도 쌓았어.

너도 같이 왔으면 정말 좋았을 것 같아.

방학이 이제 끝나 가네. 건강하게 잘 지내고 또 연락할게.

안녕.

윤아가

외할머니께

할머니 안녕하세요. 저 윤아예요.

....

....

....

....

방학이 이제 끝나 가네요. 건강하게 지내세요. 제가 또 연락드릴게요.

안녕히 계세요.

윤아 올림

용왕과 버릇없는 토끼 이야기

높임 표현

 월 일

「토끼와 자라」 이야기를 기억하나요? 토끼가 자라의 꾐에 빠져 용궁에 가지요. 용궁에 가자 용왕이 자신의 병을 치료하기 위해 간을 내놓으라고 합니다. 그런데 토끼가 높임 표현을 쓰지 않고 용왕에게 이야기하네요. 여러분이 밑줄 친 토끼의 말을 예의 바르게 고쳐 주세요.

정답 172쪽

용왕: 내 병을 낫게 하기 위해서는 너의 간이 필요하다고 하는구나.
토끼: 뭐라고?
용왕: 너의 간을 당장 나에게 주도록 하라.
토끼: <u>내 간은 지금 나한테 없어. 나는 간을 날씨 좋은 날 햇빛 잘 비치는 곳에 말려 놓고 다시 넣거든. 마침 오늘 날이 좋아서 나무에 널어 놨는데, 진작 말하지 그랬어.</u>
자라: 아니, 용왕님께 반말을 하다니, 버릇없는 토끼로구나.
용왕: 정말 예의 없는 토끼로구나. 웃어른에게 존댓말 쓰는 것도 배우지 못했단 말인가?

예의 바른 토끼 만들기

토끼:

나의 이야기 들려주기

높임 표현

 월 일

오늘 학교(학원)에서 있었던 일 중 한 가지를 떠올려 보세요. 재미있었던 일, 속상했던 일, 화났던 일, 감동적이었던 일 등 인상 깊었던 한 가지를 고르면 됩니다. 그 일을 동생(이나 친구)과 부모님(이나 조부모님)께 적절한 높임 표현을 사용하여 각각 전해 보세요. 같은 상황도 듣는 사람에 따라 높임 표현이 달라져요.

내가 고른 일: ....

동생(친구)에게	부모님(조부모님)께

비슷한말 고르기

비슷한말/반대말

다음과 뜻이 비슷한 낱말을 찾아보고, 그 낱말을 이용하여 짧은 글을 지어 보세요.

정답 172쪽

1 다음 낱말들과 뜻이 비슷한말을 모두 골라 동그라미 하세요.

① 비슷하다 ➡	같다	고만고만하다	가지각색이다
② 계획 ➡	예정	무작정	습관
③ 뉴스 ➡	소식	역사책	게임
④ 친구 ➡	스승	동무	벗
⑤ 고민 ➡	걱정	해결	염려
⑥ 책 ➡	서적	사인	책자
⑦ 즐겁다 ➡	깨끗하다	유쾌하다	재미있다
⑧ 고맙다 ➡	기쁘다	무덤덤하다	감사하다

2 위의 낱말들 중 2개를 고르세요. 그리고 그 두 낱말을 이용하여 짧은 글을 지어 보세요.

고른 낱말: (   ) (   )

▷ ....
....
....

비슷한말로 짧은 글 짓기

비슷한말/반대말   월 일

비슷한말과 관련하여 다음 물음에 답하세요.

정답 172쪽

1 '끝나다'와 비슷한 뜻을 가진 낱말을 찾아 동그라미 하세요.

마무리되다	출발하다	색칠하다
협동하다	계속되다	완결되다
이어가다	다하다	결말나다

2 위에서 동그라미 표시한 낱말 중 1개를 고르세요. 그 낱말이 들어간 짧은 글을 써 보세요.

고른 낱말	문장
예 끝나다	저녁에 게임을 하고 있는데 갑자기 선생님이 내주신 숙제가 떠올라 책상에 앉아 숙제를 시작했다. 30분 정도 후 조사 숙제가 모두 <u>끝났다</u>.

비슷한말 활용하기

비슷한말/반대말

 월 일

같은 말을 반복하면 재미없는 글이 됩니다. 다음 일기를 읽고 물음에 답하세요.

정답 172쪽

○월 ○일 ○요일 날씨: 맑음

제목: 현장학습

오늘은 민속촌으로 현장학습을 가는 날이다. 아침부터 설레는 마음으로 학교에 갔다. 오늘 버스에서 같이 앉을 짝꿍을 제비뽑기로 정했는데 친한 주영이와 되어 너무 기뻤다. 주영이와 버스를 타고 가면서 게임을 했는데 재미있었다.
민속촌에 가서 옛날 집들을 구경하는데 신기하고 재미있었다. 투호, 제기차기 등 민속놀이도 재미있었다. 그리고 점심시간에 점심 먹고 술래잡기를 하는데 재미있었다.
오늘 현장학습은 너무 재미있었다. 다음에 또 가고 싶다.

1 글을 쓸 때 같은 말을 반복하는 것보다는 뜻이 비슷한 다른 표현을 쓰는 것이 좋습니다. 밑줄 그은 말과 비슷한 뜻을 가진 낱말을 생각해 보세요..

재미있다: ▷ (　　　　　　) (　　　　　　)
　　　　　 (　　　　　　) (　　　　　　)

2 1번에서 찾은 낱말들을 빈칸에 적절히 넣어 일기를 다시 써 보세요.

0월 0일 0요일 날씨: 맑음

제목: 현장학습

오늘은 민속촌으로 현장학습을 가는 날이다. 아침부터 설레는 마음으로 학교에 갔다.

오늘 버스에서 같이 앉을 짝꿍을 제비뽑기로 정했는데 친한 주영이와 되어 너무 기뻤다. 주영이와 버스를 타고 가면서 게임을 했는데 _____.
민속촌에 가서 옛날 집들을 구경하는데 신기하고 재미있었다. 투호, 제기차기 등 민속놀이도 _____. 그리고 점심시간에 점심 먹고 술래잡기를 하는데 _____.
오늘 현장학습은 너무 _____. 다음에 또 가고 싶다.

---

3 친구들과 한 놀이 중 재미있었던 것을 떠올려 보고 놀이 이름과 놀이 방법을 소개해 보세요.

▷ 놀이 이름: (   )

▷ 놀이 방법:

....

....

....

....

반대말 찾기

비슷한말/반대말

월 일

다음 낱말들의 반대말을 찾고, 그 낱말을 이용하여 짧은 글을 지어 보세요.

정답 172쪽

1 다음 낱말들의 반대말을 찾아 쓰세요.

① 꾸중 ➡ ....   ② 깨끗한 ➡ ....

③ 가볍다 ➡ ....   ④ 불을 켜다 ➡ ....

⑤ 올라가다 ➡ ....   ⑥ 적다 ➡ ....

⑦ 가까이 ➡ ....   ⑧ 입다 ➡ ....

⑨ 주다 ➡ ....   ⑩ 어둡다 ➡ ....

2 위의 낱말들 중 2개를 고르세요. 그리고 그 두 낱말을 이용하여 짧은 글을 지어 보세요.

고른 낱말: (   ) (   )

▷ ....

....

....

....

반대말로 문장 만들기

비슷한말/반대말

월 일

다음 낱말의 반대말을 찾고, 그 낱말이 들어간 문장을 만들어 보세요.

정답 172쪽

	낱말	문장 만들기
1	짧다 ⇕	내가 좋아하는 연필이 계속 썼더니 많이 짧아졌다.
2	이별 ⇕	호준이가 전학 가는 날이라 우리는 이별 인사를 했다.
3	있다 ⇕	내 주머니에는 사탕 두 개가 있다.
4	열다 ⇕	설레는 마음으로 선물 상자를 열었다.
5	춥다 ⇕	텐트 안이 너무 추워서 난로의 온도를 더 높였다.

143

반대말을 이용하여 글쓰기

비슷한말/반대말

 월 일

다음 글을 읽고 물음에 답하세요.

나는 키가 크다. 체육시간에 키 순서대로 설 때 항상 맨 뒤에 선다. 친구들보다 큰 키가 나는 마음에 든다. 몸은 조금 뚱뚱한 편이다.

공부는 못한다. 특히 수학은 내가 제일 싫어하는 과목이다. 수업 시간에 이해가 잘 안 된다. 그리고 계산이 틀릴 때 기분이 안 좋다. 하지만 미술은 좋아한다. 무언가를 관찰하고 그릴 때 마음이 뚫리는 기분이다.

나는 아침에 일어나자마자 이불을 개고 학교에 일찍 간다. 그래서 부모님께 부지런하다고 칭찬을 받곤 한다. 그럴 때마다 기분이 너무 좋다.

진수는 내 쌍둥이 동생이다. 우리는 같은 날 태어났지만 모든 것이 반대다.

위의 빈 칸은 진수에 대한 설명입니다. 밑줄 친 부분의 반대말을 생각하며 진수에 대한 설명을 써 보세요.

▷ 진수는 키가 작다.

내가 사는 고장

우리 고장/다른 고장 월 일

내가 사는 고장에 대해 생각하며 빈칸을 채워 보세요.

1 내가 사는 곳은 어디인가요?

▷ ……………………… 도 ……………………………… 시(군)

2 내가 사는 곳은 다음 중 어디에 해당하는지 동그라미 해 보세요.

▷ 도시 / 농촌 / 바닷가 근처 / 산

3 우리 동네에 다른 동네 친구를 초대한다면 제일 먼저 보여 주고 싶은 곳은 어디인가요? 이유와 함께 써 보세요.

▷ (………………………)을(를) 제일 먼저 보여 주고 싶습니다.

왜냐하면 ……………………………………………………………………………

4 내가 사는 지역 이름인 ○○도, ○○시(군), ○○읍, ○○동 등의 지역 이름 중 한 가지만 고르세요. 지역을 자랑하는 이행시/삼행시/사행시를 지어 보세요.

예 |대| 단한 사람들이 가득한 도시예요.

|전| 체가 서로 돕고 배려하지요.

▷ ……………………………………………………………………………………

……………………………………………………………………………………

145

내가 생각하는 우리 고장

우리 고장/다른 고장   월 일

다음의 각 상황에서 떠오르는 우리 고장의 장소를 <보기>를 참고하여 골라 보고, 고른 이유나 관련된 경험을 써 보세요.

<보기>

학교	경찰서	편의점	약국	병원	과일가게	구두수선집
마트	문구점	도서관	학원	공원	놀이터	버스터미널
시장	분식점	시청				

상황	떠오르는 장소	고른 이유나 관련된 경험
가장 좋아하는 곳	예 학교	예 친구들과 만나서 놀 수 있어서 학교에 가는 것이 좋다.
가장 즐거운 곳		
가장 싫거나 힘든 곳		
가장 중요한 곳		

우리 고장 문화유산 알아보기

우리 고장/다른 고장   월 일

우리 고장의 문화유산을 검색해 보고 부모님을 설득하는 글을 써 보세요.

1 인터넷 검색 포털에서 내가 살고 있는 고장의 문화유산을 검색해 보세요.

검색어: ○○시 문화유산

예

검색된 우리 고장에 어떤 문화유산이 있나요?

(1) ....
(2) ....
(3) ....
(4) ....
(5) ....

2 검색된 문화유산 중에서 가 본 곳이나 마음에 드는 곳을 한 군데 골라 정보를 찾아보세요. 그리고 부모님께 주말에 그곳에 가자고 설득하는 글을 써 보세요. 알아본 정보를 넣어서 쓴다면 더 내용이 알찬 글이 되겠지요?

▶ 엄마 아빠, 저는 이번 주말에 (　　　　　　　　)에 꼭 가고 싶어요.

▶ 왜냐하면 ....

....

옛이야기 상상하기

우리 고장/다른 고장 월 일

내가 사는 고장에 있는 산이나 강 이름은 무엇인가요? 그곳에서 옛날에 어떤 일이 있었을지 상상해서 이야기를 만들어 보세요.

1 내가 사는 고장에 있는 산이나 강(하천) 이름

▷ ....

2 그곳에 얽힌 옛이야기를 상상해서 만들어 보세요.

▷ 등장하는 인물이나 동식물 ....

▷ 옛이야기 상상하기

....
....
....
....
....
....
....

고장 사람들의 생활

우리 고장/다른 고장 월 일

땅의 모양(지형)에 따라 산, 들, 하천, 바다 등으로 구분할 수 있고 그곳에 사는 사람들의 생활 모습이 달라집니다. 다음 물음에 답하세요.

정답 172쪽

1 다음 중 '산'에서 사는 사람들의 생활 모습과 관련된 것을 찾아 동그라미 하세요. (가로, 세로, 대각선 모두 가능합니다.)

명	버	스	현	염	오	약
치	섯	양	근	전	초	책
유	재	식	차	캐	코	해
밭	배	장	기	영	수	고
논	농	사	편	욕	전	기
도	니	사	장	항	구	잡
로	익	스	키	장	병	이

찾은 낱말
(1) 약초 캐기
(2)
(3)
(4)

2 위에서 찾은 낱말이 모두 들어가게 글을 써 보세요.

▶ ....
....
....
....
....

149

환경에 따른 여가 생활

우리 고장/ 다른 고장

 월 일

여가 시간은 '일이 없는 남는 시간'을 의미합니다. 다음 대화를 읽고 물음에 답하세요.

정답 172쪽

<보기>
- ㉠ 등산
- ㉡ 야구경기 관람
- ㉢ 놀이공원
- ㉣ 캠핑
- ㉤ 컴퓨터게임
- ㉥ 낚시
- ㉦ 도서관
- ㉧ 주말농장

아름: 넌 남는 시간에 뭐해?
예준: 난 여가 시간에 주로 등산을 해. 아빠가 등산을 좋아하셔서 같이 산에 자주 가.
아름: 이번 방학에도 갔다 왔겠구나. 어디 갔다 왔어?
예준: 양평에 있는 용문산 등산을 했어. 정상에 가니 정말 기분 좋더라. 그리고 2주 전에는 낚시도 갔다 왔어. 물고기를 3마리나 잡았다!
아름: 와, 진짜 재미있었겠다. 너희 가족은 (①)와(과) 같은 자연에서의 여가 생활을 많이 보내는구나. 나는 방학에 동생이랑 도서관에 가장 많이 간 것 같아.
예준: 응. 이번 주말에는 비가 온다고 하니 나도 (②)와(과) 같은 인문환경에서 시간을 보내야겠어. 우리 같이 가자!

1 위의 대화 중 ①, ②에 들어갈 수 있는 활동을 <보기>에서 골라 기호로 쓰시오.

자연환경에서의 여가 생활 (①)	
인문환경에서의 여가 생활 (②)	

2 여러분은 여가 시간에 무엇을 하나요? 그동안 했던 것을 생각해 보고 그때의 기분과 함께 써 보세요.

▷

3 위의 <보기> 중 이번 주말에 해 보고 싶은 것을 한 가지 고르고 이유와 함께 써 보세요.

▷

151

기온에 따라 달라지는 의식주

우리 고장/다른 고장 월 일

다음 편지 글을 읽고 물음에 답하세요.

유나에게

유나야, 안녕! 삼촌이야. 잘 지내고 있지?

벌써 이곳에 온 지 두 달이 다 되어 가네.

오늘 비가 많이 내려서 공사 일이 중단되었어. 그래서 집에서 쉬고 있어.

여기는 일 년 내내 날씨가 너무 더워서 가지고 온 긴팔 옷들은 전혀 입지 못하고 있어. 공기가 습하다 보니 땀이 많이 나서 힘들 때도 많아.

그런 날씨 때문에 여기 베트남은 음료 문화가 발달해 있어. 요즘 나는 '늑미야'라는 사탕수수 음료수를 거의 매일 먹고 있는데 달콤하고 맛있더라. 유나도 좋아할 것 같아.

한국이랑 많이 달라서 적응하는 데 시간이 걸리네. 다음에 더 자세한 이야기 들려줄게.

부모님 말씀 잘 듣고 건강하게 잘 있어. 안녕.

2월 어느 날 베트남에서 삼촌이

---

1 위의 삼촌의 편지를 보고 베트남 기온이 우리나라와 <u>다른 점</u>은 무엇인지 써 보세요.

▶ ....

2 베트남에 가면 어떨 것 같나요? 편지 내용을 참고해서 베트남 생활을 상상해 보세요.

환경에 따라 달라지는 의식주

우리 고장/다른 고장

 월 일

집은 각 지역의 환경에 따라 다르게 지어요. 울릉도로 가족여행을 간 시현이는 가이드의 설명을 듣게 되었습니다. 다음을 읽고 물음에 답하세요.

울릉도에는 집에 '우데기'가 있습니다. 울릉도는 겨울철에 눈이 많이 내리는 특징이 있는데, 눈이 많이 오면 밖에 나가기도 어렵고 눈이 마당에 많이 쌓여 집 안에서도 자유롭게 다니기 어려워요. 그래서 집에 눈이 들어오는 것을 막기 위해 지붕에서 땅까지 벽을 내리는데 이게 바로 우데기예요. 덮개처럼 집을 쌌다고 생각하면 됩니다.

출처: 울릉군청 홈페이지

시현이는 울릉도의 우데기가 너무 신기했어요. 시현이가 사는 광주에서는 볼 수 없는 집이었거든요.
집에 온 시현이는 만약 비가 많이 오는 곳에 산다면 어떤 집을 지어야 할지 생각해 보았어요. 여러분이라면 어떤 집을 지을 건가요?

▷ ....
....
....
....
....

내가 결혼할 사람은?

가족

부모님이 결혼하실 때의 이야기를 들어 본 적이 있나요? 민건이가 엄마와 한 대화를 읽고 물음에 답하세요.

민건이는 엄마와 앨범을 보다가 엄마 아빠의 결혼사진을 보게 되었습니다.
"엄마, 결혼식은 어떻게 하는 거예요?"
"응. 남자와 여자가 서로 사랑하게 되면 결혼을 하게 되지. 가족들과 주변 친한 사람들을 초대하고 그 사람들 앞에서 둘이 결혼하겠다고 약속을 하는 거야. 그러면 사람들이 축하와 축복을 해 줘."
"아, 그래서 저번 이모 결혼식 때 친척들이 많이 왔구나. 엄마는 아빠의 어떤 점이 좋았어요?"
"엄마는 아빠가 어려운 사람을 보면 그냥 못 지나치고 도와주려는 모습을 보고 마음이 따뜻한 사람이라고 생각했어. 그래서 아빠를 좋아하게 됐지. 민건이는 어떤 사람과 결혼하고 싶어?"
"저는요." (생략)

민건이처럼 미래에 어떤 사람과 결혼할지 상상해 본 적이 있나요? 어떤 사람과 결혼하고 싶은지 자세히 생각해 보고 글로 써 보세요.

외모, 성격, 취미, 직업 등 다양한 것에 대해 생각해 보세요.

....

....

....

....

핵가족과 확대가족

가족

 월 일

핵가족과 확대가족은 대표적인 가족의 형태입니다. 다음 국어사전의 뜻을 살펴보고 물음에 답하세요.

핵-가족: 한 쌍의 부부와 미혼의 자녀만으로 구성된 가족
* 미혼: 결혼하지 않음

확대가족: 자녀가 결혼 후에도 부모와 동거하는 가족 형태
* 같이 삶

---

1 여러분은 어떤 가족에 해당하나요?
(둘 중 헷갈린다면 함께 사는 가족 중에 할아버지나 할머니가 계신지로 구분할 수 있어요. 부모님과 할아버지, 할머니와 함께 산다면 확대가족, 부모님만 함께 살면 핵가족입니다.)

(핵가족 , 확대가족)

2 핵가족과 확대가족은 각각 장점과 단점이 있습니다. 내가 속한 가족 형태가 <u>아닌</u> 다른 형태라면 어떨지 생각해 보고 장점과 단점을 써 보세요.
(내가 핵가족이라면 확대가족을, 내가 확대가족이라면 핵가족을 생각해 보세요.)

장점	단점

가족의 역할

가족 월 일

윤경이와 아빠의 대화를 읽고 물음에 답하세요.

> 아빠: 윤경아, 생일 선물로 뭐 갖고 싶어?
> 윤경: 저, 레고 갖고 싶어요! 여자 아이들에게 딱 맞는 레고 신제품이 나왔더라고요!
> 아빠: 여자 아이들용이라고? 레고 회사에서 상품에 표시된 여아용, 남아용 표시를 빼기로 했다고 뉴스에 나왔는데….
> 윤경: 아, 생각해 보니 그런 것도 고정관념일 수 있겠어요.
> 아빠: 그래. 우리 주변에 성별에 따라 평등하지 않은 것이 꽤 많아.

대화를 잘 보았나요? 아빠의 말대로 우리 주변에는 성별에 따라 평등하지 않은 것이 꽤 많답니다. 여러분의 집에서는 남자와 여자가 평등한 역할을 하고 있나요? 우리 집에서는 남자와 여자의 역할이 어떤지 생각해 보고 평등하지 않았던 것을 써 보세요. 그리고 그것을 해결하려면 어떻게 해야 할지 생각해 보세요.

이런 점이 불평등해요	어떻게 하면 좋을까요?
예 엄마가 밥 준비와 정리를 다 하세요.	예 가족들이 순서를 정해 엄마의 밥 준비와 정리하는 것을 도와드립니다.

반려동물도 가족

가족 월 일

여러분은 반려동물을 키우고 있나요? 키우고 있다면 반려동물과 했던 일을 떠올려 보고 일기를 써 보세요. 만약 키우지 않고 있다면 키우고 싶은 동물을 골라 어떤 일이 있을지 가상 일기를 써 보세요. 반려동물과 함께하는 행복한 일상을 상상해 보세요.

( )월 ( )일 날씨:

다양한 가족의 모습

가족

 월 일

가족의 형태는 매우 다양하고 모두 존중되어야 합니다. 다음 소은이와 엄마의 대화를 읽고 물음에 답하세요.

> 소은: 엄마, 이것 좀 보세요. TV에 정말 특이한 가족이 나와요.
> 엄마: 아, ○○○ 씨 가족이구나. 엄마도 다른 방송에서 봤어.
> 소은: 정말 대단한 것 같아요. 내가 낳지 않은 아이들을 입양하다니….
> 엄마: 그렇지? 요즘은 입양가족이 많아지고 있어. 예전에 비해 가족의 형태가 참 다양해진 것 같아.
> 소은: 네. 그런데 너무 행복해 보여요.

1 여러분은 주변에서 나와 다른 형태의 가족을 보거나 들은 적이 있나요? 어떤 가족의 형태가 있는지 적어 보세요.

▷ ....

2 우리 반에 입양된 친구가 있다면 어떨까요? 만약 그 친구를 이상하게 바라본다면 그 친구의 마음이 어떨지 생각해 보세요.

▷ ....

3 입양된 친구를 이상하게 바라보는 친구들의 대화를 들었다면 어떤 말을 해 주고 싶나요?

▷ ....

....

나에게 가족이란?

가족

 월 일

가족에 대해 생각해 보고 자신의 생각을 빈 곳에 자유롭게 써 보세요.

1. 우리 가족은 ………… 명입니다.

   구성원은 ………………………………………………… 입니다.

2. 나는 가족 중에 ………………… 이(가) 제일 좋습니다.

   왜냐하면 ………………………………………………… 때문입니다.

3. 나는 가족 중에 ………………… 와(과) 가장 친합니다.

   그래서 함께 ………………………………………… 을(를) 합니다.

4. 가족은 ………………………………………………… 때 좋습니다.

5. 아무리 가족이라도 ……………………………… 때는 화가 납니다.

6. 가족과 함께 한 것 중에 ……………………………………… 이(가) 가장 기억이 남습니다.

7. 가족에게 가장 중요한 것은 ………………………… (이)라고 생각합니다.

   왜냐하면 ……………………………………………… 때문입니다.

8. 저는 앞으로 가족들에게 ……………………………… 을(를) 약속합니다.

새로운 가족 상상하기

가족

 월 일

어느 날 갑자기 외계에서 온 일곱 살 아이를 만났습니다. 길을 잃은 이 아이는 우리 집에서 함께 살게 됩니다. 어떤 일이 일어날까요? 하루 동안의 일을 자유롭게 상상해서 일기로 써 보세요.

○월 ○일 ○요일 날씨: 맑음

가족 문제 해결하기

가족

 월 일

요즘은 가족끼리 대화가 많이 없어졌다고 해요. 회사와 학원 일정으로 서로 바쁘기도 하지만 같이 있어도 스마트폰을 보느라 대화를 별로 하지 않기 때문이에요. 여러분 가정은 어떤가요? 이 문제에 대해 생각해 보고 물음에 답하세요.

1 가족끼리 대화가 적어지면 어떻게 될까요? 상상해 보고 글로 써 보세요.

▷ ....
....
....
....
....

2 대화가 부족한 문제를 해결할 수 있는 방법을 생각해 보고 우리 가족이나 그런 문제를 가진 가족에게 의견을 글로 써 보세요.

저는 이렇게 했으면 좋겠어요!

▷ ....
....
....
....
....

정답

1 이야기 나누기 능력

주제 1 문단의 짜임

중심 문장 완성하기   P.14
1 중심 문장: 우리 생활에서는 위급한 상황에서 (높은 소리)를 이용한다.
2 중심 문장: (예) 학교는 우리에게 좋은 곳이다.
3 중심 문장: (예) 나무 막대와 플라스틱 막대는 비슷한 점이 많다.

중심 문장과 뒷받침 문장 찾기   P.15
문단1

뒷받침 문장
- 사람이 이동할 때 이용하는 교통수단에는 말, 당나귀, 가마 등이 있습니다.
- 물에서는 뗏목, 돛단배를 이용했습니다.

문단2

중심 문장
- 옛날의 교통수단은 불편한 점이 많았습니다.

뒷받침 문장
- 여러 사람이 함께 이용하기 어렵기도 합니다.
- 많은 물건을 한꺼번에 옮기기 어렵습니다.

주제 3 표정/몸짓/말투

상황에 어울리는 표정, 몸짓, 말투 1   P.31

상황	표정/몸짓/말투
사물함을 열다가 하필이면 밑에서 물건을 꺼내던 준기의 머리에 부딪혔다. 나는 아파하는 준기에게 말했다.	양 손바닥을 비비며 미안한 표정으로
소현이는 텔레비전을 보다가 한 배우가 너무 멋있어 보였다. 그래서 같이 보던 언니에게 말했다.	사랑에 빠진 표정을 지으며
도진이는 내일까지 내야 하는 숙제를 하려고 자리에 앉았습니다. 하지만 아무리 생각해도 아이디어가 떠오르지 않았습니다. '아 어떻게 해야 하지?'	고민되는 듯 얼굴을 감싸 쥐며
성율이는 가족들과 음식점에 가서 세계 여러 나라 음식을 주문했다. 그런데 한 음식에서 평소 맡아 보지 못했던 이상한 냄새가 났다.	얼굴을 찡그리며 손으로 코를 막은 채
장난감 코너에 갔더니 내가 기다리고 기다리던 레고 신제품이 나와 있었다. 나는 엄마에게 말했다.	반가운 표정과 신난 목소리로
친구들과 신나게 축구를 하다가 다리가 꼬여 넘어졌다. 그런데 일어나 보니 바지가 길게 찢겨 있었다.	얼굴이 빨개지고 당황한 표정을 지으며

164

주제 4 띄어쓰기

바르게 띄어쓰기   P.39

1

마	트	에	서		과	자	와		음	료	수
를		샀	다	.							

2

아	빠	가		방	에		오	셔	서		나
를		부	르	셨	다	.					

3

바	다	에		갈	매	기	와		돛	단	배
가		보	였	다	.						

4

난		순	대	랑		떡	볶	이	가		먹
고		싶	어	.							

5

| 우 | 리 | 가 | | 꼭 | | 이 | 기 | 자 | . | | |

바르게 대화하기   P.40~41

1 띄어쓰기

2 ① 마침✓회✓사✓가려고✓해.
　② 횟집에서✓회✓사✓가려고✓한다고.

3

| 엄 | 마 | | 가 | 방 | 에 | 서 | | 나 | 왔 | 어 | 요 | . |

"안'과 '않'의 띄어쓰기   P.42

1 자를 대고 그렸는데 똑바로 선이 그어지지 않았다.
　나는 절대 포기하지 않을 거야.
　아직 그 책을 읽지 않았어.
　엄마 제가 안 했어요.
　지하철 안 타고 버스 탔어.
　안 해 봐서 모르는 거야.

숫자 띄어쓰기   P.43

1

| 다 | 섯 | | 시 | 간 | | 정 | 도 | | | | |

2

| 십 | | 분 | | 동 | 안 | | | | | | |

3

| 열 | 두 | | 살 | 쯤 | | | | | | | |

4

| 책 | | 한 | | 권 | | | | | | | |

5

| 세 | | 숟 | 가 | 락 | | | | | | | |

6

| 과 | 자 | | 두 | | 봉 | 지 | | | | | |

여러 가지 띄어쓰기   P.44

1 유빈이와✓유림이는✓놀이터에서✓놀았다.
2 재성이는✓사탕을✓꺼냈다.✓그리고✓재인이에게✓줬다.
3 "앗,✓윤오야.✓언제✓왔어?"
4 "어머,✓다리를✓다쳤어."
5 양치기✓소년처럼✓거짓말을✓자주✓했다.

틀리기 쉬운 띄어쓰기   P.45

1

| 그 | | 친 | 구 | 가 | | 말 | 했 | 어 | . | | |

2

| 영 | 화 | 가 | | 재 | 미 | 있 | 었 | 어 | . | | |

3

| 네 | 게 | | 맡 | 길 | | 수 | | 없 | 어 | . | |

4

| 사 | 과 | | 같 | 은 | | 얼 | 굴 | 이 | 야 | . | |

5								
넌		잘할		거야.				

6								
말할수록			더		피곤해.			

글 고쳐 쓰기 1   P.46

1

형	이		도	와	줘	서		일	어	날
수		있	었	다	.					

글 고쳐 쓰기 2   P.47

1 ① 할아버지께서✓내✓소원을✓들어주시겠지?
　　② "와,✓내가✓갖고✓싶었던✓선물이야."

2 생각과 느낌 표현하기 능력

 재미와 감동

인물의 말과 행동에서 감정 느끼기   P.72

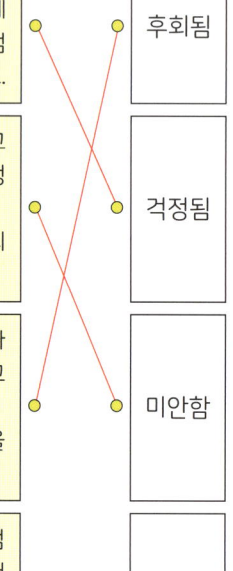

이렇게 하라고 하면 저렇게 하고 저렇게 하라고 하면 이렇게 하는 아들 청개구리를 보니 엄마 청개구리는 한숨이 나왔어요.	후회됨
얼마 후 엄마 청개구리는 죽고 말았어요. 아들 청개구리는 엉엉 울었어요. "그동안 엄마 말씀 안 들어서 죄송해요."	걱정됨
엄마 청개구리가 돌아가시자 아들 청개구리는 혼자 외롭고 무서웠어요. "살아계실 때 엄마 말씀 잘 들을 걸 그랬어."	미안함
다른 청개구리들은 물가에 엄마 청개구리를 묻은 아들 청개구리를 보고 수군거렸어요. "나쁜 아들이네. 어떻게 엄마 청개구리를 물가에 묻을 수가 있지?"	화남

3 자료 활용하기 능력

주제 7 재미와 감동

중요한 내용 메모하기 P.87

1

```
곤충생태관

• 관람 시간: 1시간 동안. (12)시에 (출구)에서
  모이기
• 관람 방향: (시계반대) 방향
• 전시실: 파브르정원, 꿀벌전시실, (곤충탐구
  실), (곤충체험실)
• 미션: 마음에 드는 곤충 한 가지 골라 사진 찍
  고 관찰 결과를 활동지에 기록하기
• 규칙: 장난치거나 뛰어다니지 않기
  큰 소리로 이야기하지 않기
```

약속 내용 요약하기 P.88

```
경복궁 조사 과제 약속

1 만나는 시간: (11시)
2 만나는 장소: (학교 정문 앞)
3 준비할 것: 경복궁 안내책자
```

글의 내용 간추리는 방법 1 P.89

ⓛ
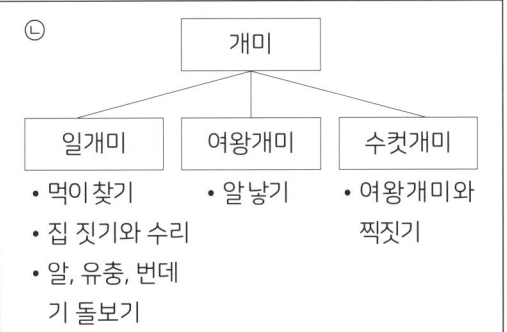

글의 내용 간추리는 방법 2 P.90

ⓒ
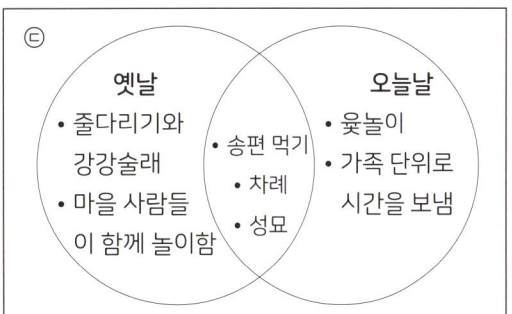

글의 내용 간추리는 방법 3 P.91

㉠
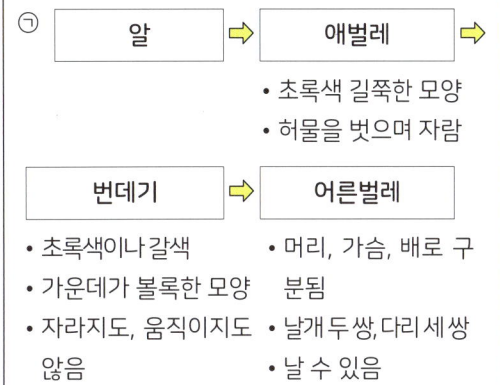

문단 내용 간추리기 P.92

▷ '고체'는 담는 그릇이 바뀌어도 모양과 부피가 그대로입니다.

▷ '액체'는 담는 그릇에 따라 모양이 변하지만 부피는 그대로입니다.

▷ '기체'는 공간을 차지하고 있으며 무게가 있습니다.

시간과 장소에 따라 간추리기 　　P.93

우리 가족은 주말에 경주로 여행을 가서 여러 곳을 구경했다. 신라 시대에 태양, 달, 행성의 변화를 관측하던 (첨성대), 신라 시대의 얼음 창고인 석빙고를 구경했다. 또 밤에는 귀한 손님을 대접하던 곳인 (안압지)을(를) 구경했다. 다음에 경주에 또 가서 다른 곳을 구경하고 싶다.

주제 11 국어사전

국어사전 규칙 알기 　　P.103

1 첫 자음자

ㄱ	ㄲ	ㄴ	ㄷ	ㄸ	ㄹ	ㅁ	ㅂ	ㅃ	ㅅ
ㅆ	ㅇ	ㅈ	ㅉ	ㅊ	ㅋ	ㅌ	ㅍ	ㅎ	

2 모음자

ㅏ	ㅐ	ㅑ	ㅒ	ㅓ	ㅔ	ㅕ	ㅖ	ㅗ	ㅘ
ㅙ	ㅚ	ㅛ	ㅜ	ㅝ	ㅞ	ㅟ	ㅠ	ㅡ	ㅢ
ㅣ									

3 받침

ㄱ	ㄲ	ㄳ	ㄴ	ㄵ	ㄶ	ㄷ	ㄹ	ㄺ	ㄻ
ㄼ	ㄽ	ㄾ	ㄿ	ㅀ	ㅁ	ㅂ	ㅄ	ㅅ	ㅆ
ㅇ	ㅈ	ㅊ	ㅋ	ㅌ	ㅍ	ㅎ			

국어사전 찾는 방법 알기 　　P.104

1 낱말: '국어'

국	
첫 자음자	ㄱ
모음자	ㅜ
받침	ㄱ

어	
첫 자음자	ㅇ
모음자	ㅓ
받침	없음

⬇

국어사전의 뜻	한 나라의 국민이 쓰는 말

2 낱말: '사전'

사	
첫 자음자	ㅅ
모음자	ㅏ
받침	없음

전	
첫 자음자	ㅈ
모음자	ㅓ
받침	ㄴ

⬇

국어사전의 뜻	어휘를 모아 일정한 순서로 배열하여 싣고 그 표기법, 발음, 어원, 의미, 용법 따위를 설명한 책

국어사전 실린 순서 알기 　　P.105

국어사전에 실린 순서
겨드랑이 ➡ 겨울 ➡ 겨자
다르다 ➡ 다리 ➡ 다용도
차례 ➡ 차분하다 ➡ 창문
치타 ➡ 코뿔소 ➡ 호랑이
얼룩소 ➡ 염소 ➡ 조랑말
냄비 ➡ 도마 ➡ 프라이팬
공책 ➡ 샤프 ➡ 연필
과학관 ➡ 미술관 ➡ 박물관
도라지꽃 ➡ 장미 ➡ 프리지아

국어사전에서 뜻 찾아보기 1 P.106

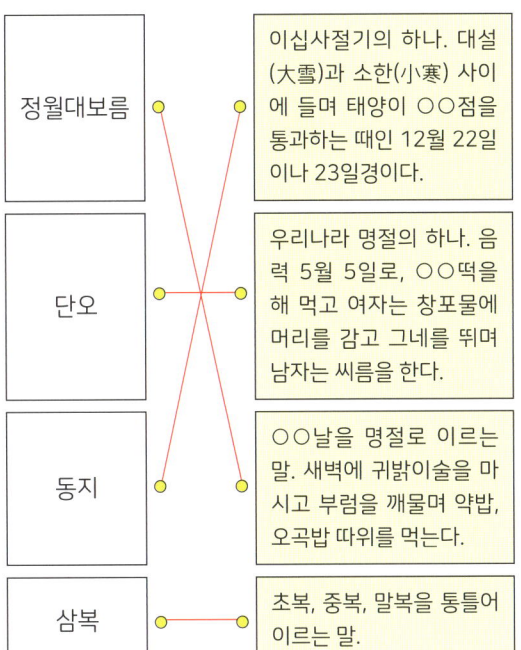

국어사전에서 뜻 찾아보기 2 P.107

국어사전에 실린 순서	국어사전에서 찾은 낱말의 뜻
1 가마	예전에, 한 사람이 안에 타고 둘이나 넷이 들거나 메던, 조그만 집 모양의 탈것
2 돛단배	돛을 단 배
3 소달구지	소가 끄는 수레
4 증기선	증기 기관으로 움직이는 배

형태가 바뀌는 낱말을 국어사전에서 찾기 P.109

1

참으니, 참아서, 참으면, 참고		
형태가 바뀌지 않는 부분(A)	형태가 바뀌는 부분(B)	기본형 (A+'다')
참	으니	참다
참	아서	
참	으면	
참	고	

기본형의 뜻: (웃음, 울음, 아픔 따위를 억누르고 견디다.)

2

지나니, 지나서, 지나고, 지나면서		
형태가 바뀌지 않는 부분(A)	형태가 바뀌는 부분(B)	기본형 (A+'다')
지나	니	지나다
지나	서	
지나	고	
지나	면서	

기본형의 뜻: (시간이 흘러 그 시기에서 벗어나다.)

국어사전을 찾으며 글 읽기 P.111

	기본형	국어사전에서 찾은 낱말의 뜻
뒤쫓았다	뒤쫓다	뒤를 따라 쫓다.
달렸다	달리다	빨리 뛰어가게 하다.
부끄러웠다	부끄럽다	일을 잘 못하거나 양심에 거리끼어 볼 낯이 없거나 매우 떳떳하지 못하다.

주제 12 짐작하기

낱말의 뜻 짐작하기 1   P.112

1 '에누리'의 뜻

짐작한 뜻	(예) 가격을 깎는 것
사전의 뜻	값을 깎는 일

2 '헐값'의 뜻

짐작한 뜻	(예) 싼 가격
사전의 뜻	그 물건의 원래 가격보다 훨씬 싼 값

낱말의 뜻 짐작하기 2   P.113

1 '방목'의 뜻

짐작한 뜻	(예) 풀려난
글에서 찾은 단서	갇혀 있다가

2 '편자'의 뜻

짐작한 뜻	(예) 말굽에 끼우는 신발 같은 것
글에서 찾은 단서	말굽이 닳아 아플까 봐 걱정하시는 마음이 느껴졌다.

낱말의 뜻 짐작하기 3   P.114

1 '밥 먹듯이'의 뜻

뜻이 비슷한 낱말	(예) 자주, 반복해서
'밥 먹듯이'를 넣어 문장 만들기	(예) 호진이는 놀이할 때 규칙을 밥 먹듯이 안 지킨다.

2 '푸념'의 뜻

뜻이 비슷한 낱말	(예) 불만, 불평, 하소연
'푸념'을 넣어 문장 만들기	(예) 나는 학원 숙제가 너무 많아 힘들다고 아빠께 푸념을 늘어놓았다.

열두 달 순우리말   P.117

① 해오름달: 새해 아침에 힘 있게 오르는 달
② 잎새달: 물오른 나무들이 저마다 잎 돋우는 달
③ 열매달: 가지마다 열매 맺는 달
④ 매듭달: 마음을 가다듬는 한 해의 끄트머리 달

주제 13 중심 생각 찾기

글에서 중심 생각 찾기 1   P.125

1

문단	중심 내용
1	공기는 우리 생활에 많은 영향을 미친다.
2	공기는 생명체가 숨을 쉴 수 있게 해 준다.
3	바람, 구름, 비 등 날씨를 변화시킨다.
4	사람들의 다양한 활동을 도와준다.
5	공기를 소중히 여기는 마음을 갖자.

2 공기를 소중히 여기자.

글에서 중심 생각 찾기 2   P.127

① 자신만 생각하지 않는다.
② 친구 사이에서 문제는 대화로 해결한다.
③ 친구 사이에 문제가 있을 때 진정한 사과와 용서를 한다.

4 함께 살기 능력

주제 14 높임 표현

높임말 확인하기   P.130

밥 (진지)   자다 (주무시다)

말 (말씀)   먹다 (드시다, 잡수다)

생일 (생신)   미안하다 (죄송하다)

이름 (존함, 성함)   주다 (드리다)

-에게 (-께)   아프다 (아프시다)

있다 (계시다)   묻다 (여쭈다)

학교에서 높임 표현이 틀리는 경우   P.131

A: 선생님, 물어볼 게 있어요.
▷ A: 선생님 여쭤볼 게 있어요.

A: 수진아, 선생님이 뭐래?
B: 책상 서랍에 교과서 넣으래.
▷ A: 수진아, 선생님께서 뭐라고 하셔?
▷ B: 책상 서랍에 교과서 넣으라고 하셨어.

A: 얘들아, 선생님 온다!
B: 야, 선생님 온대!
▷ A: 얘들아, 선생님 오신다!
▷ B: 야, 선생님 오신대!

A: 선생님 뭐 해?
B: 선생님 숙제 검사하는 것 같은데?
▷ A: 선생님 뭐 하시니?
▷ B: 선생님 숙제 검사하시는 것 같은데?

높임 표현 제대로 쓰기 1   P.132

1

친구에게	선생님께
이거 먹어 봐. 맛있어.	이거 드셔 보세요. 맛있어요.
이 게임 어떻게 하는 거야?	이 게임 어떻게 하는 거예요?
강민이가 오늘 생일 파티를 한대.	강민이가 오늘 생일 파티를 한대요.

2

선생님: 오늘은 고마웠던 사람에게 마음을 전하는 편지를 쓸 거예요. 여러분 평소에 고마웠던 사람이 있나요? 한 명을 떠올려 보고 그 사람에게 정성을 담아 편지를 써 봅시다.
민서: 범수야, <u>난 친척 동생께 드릴 거야</u>. 너는 편지 누구한테 쓸 거야?
범수: <u>나는 엄마한테 줄 거야.</u>
민서: 아, 나도 엄마께 고마운 마음을 전해야겠다.

▷ 난 친척 동생에게 줄 거야.
▷ 난 엄마한테 드릴 거야.

높임 표현 제대로 쓰기 2   P.133

행동하는 대상: 동생	행동하는 대상: 할머니
내 동생<u>이</u> 음료수를 <u>먹는다</u>.	▷ 할머니<u>께서</u> 음료수를 <u>드신다</u>.

행동하는 대상: 친구	행동하는 대상: 감독님
예준이<u>가</u> 공을 <u>정리한다</u>.	▷ 감독님<u>께서</u> 공을 <u>정리하신다</u>.

행동하는 대상: 후배	행동하는 대상: 선생님
윤경이<u>가</u> 댓글을 <u>달았다</u>.	▷ 선생님<u>께서</u> 댓글을 <u>다셨다</u>.

행동하는 대상: 친구	행동하는 대상: 아버지
태윤이<u>가</u> 응원을 <u>해 줬어</u>.	▷ 아버지<u>께서</u> 응원을 <u>해 주셨어</u>.

지나친 높임 표현   P.134

1 ① 음식 나오셨습니다. ➡ 음식 나왔습니다.
   ② 오른쪽이십니다. ➡ 오른쪽입니다.

용왕과 버릇없는 토끼 이야기   P.136

(예) 제 간은 지금 저에게 없어요. 저는 간을 날씨 좋은 날 햇빛 잘 비치는 곳에 말려 놓고 다시 넣거든요. 마침 오늘 날이 좋아서 나무에 널어 놨는데, 진작 말씀하시지.

주제 15 비슷한말/반대말

비슷한말 고르기   P.138

1 ① 비슷하다 ➡ 같다, 고만고만하다
   ② 계획 ➡ 예정
   ③ 뉴스 ➡ 소식
   ④ 친구 ➡ 동무, 벗
   ⑤ 고민 ➡ 걱정, 염려
   ⑥ 책 ➡ 서적, 책자
   ⑦ 즐겁다 ➡ 유쾌하다, 재미있다
   ⑧ 고맙다 ➡ 감사하다

비슷한말로 짧은 글 짓기   P.139

1 마무리되다, 완결되다, 다하다, 결말나다

비슷한말 활용하기   P.140

1 (예) 신난다 / 유쾌하다 / 즐겁다 / 흥미진진하다 / 흥미롭다 / 웃기다 등

반대말 찾기   P.142

① 꾸중 ➡ 칭찬
② 깨끗하다 ➡ 더러운
③ 가볍다 ➡ 무겁다
④ 불을 켜다 ➡ 불을 끄다
⑤ 올라가다 ➡ 내려가다
⑥ 적다 ➡ 많다

⑦ 가까이 ➡ 멀리
⑧ 입다 ➡ 벗다
⑨ 주다 ➡ 받다
⑩ 어둡다 ➡ 밝다

반대말로 문장 만들기   P.143

1 짧다 ⇔ 길다
2 이별 ⇔ 만남
3 있다 ⇔ 없다
4 열다 ⇔ 닫다
5 춥다 ⇔ 덥다

주제 16 우리 고장/다른 고장

고장 사람들의 생활   P.149

명	버	스	현	염	오	약
치	섯	양	근	전	초	책
유	재	식	차	캐	코	해
밭	배	장	기	영	수	고
논	농	사	편	욕	전	기
도	니	사	장	항	구	잡
로	익	스	키	장	병	이

(1) 약초 캐기
(2) 버섯 재배
(3) 밭농사
(4) 스키장

환경에 따른 여가 생활   P.151

자연환경에서의 여가 생활 (①)	㉠ ㉢ ㉥ ㉧
인문환경에서의 여가 생활 (②)	㉡ ㉣ ㉤ ㉦

172